KB132059

Single-Session Therapy: Distinctive Features

알기 쉬운
단회 심리상담

단회상담의 이해와 실제

학지사

Single-Session Therapy: Distinctive Features

by Windy Dryden

ⓒ 2019 Windy Dryden

Authorized translation from English language edition published by
Routledge, a member of the Taylor & Francis Group.

Korean Translation ⓒ 2023 Hakjisa Publisher, Inc.
The Korean translation rights published by arrangement with
Taylor & Francis Group.

All Rights Reserved.

본 저작물의 한국어판 저작권은
Taylor & Francis Group과의 독점 계약으로 (주)학지사가 소유합니다.
저작권법에 의해 한국 내에서 보호를 받는 저작물이므로
무단 전재와 무단 복제를 금합니다.

역자 서문

◇

상담자에게 "이 사례를 단회상담으로 끝낼 수 있겠어요? 내담자의 준비도에 따라 추가적인 회기를 할 수도 있는데, 특별하지 않으면 단회상담으로 끝내면 좋겠어요."라고 하면 대부분 머뭇거리거나 장황한 설명을 하면서 난색을 표한다.

한편, 내담자에게 "단회로 상담을 끝낼 수 있으면 끝내려고 합니다. 상황에 따라 필요하면 다지기 위한 추가적인 회기를 할 수도 있지만 되도록이면 단회로 하려고 합니다. 어떠세요?"라고 같은 질문을 하면 내담자는 '아주 반가운' 표정을 짓는다.

역자는 2000년대 초에 따로 발표되지는 않았지만 내담자를 접수해서 상담을 진행한 회기의 수를 조사한 데이터를 본 적이 있다. 접수면접으로 끝나는 내담자의 경우도 상당히 많았고, 접수면접에 이어 1, 2회 상담으로 조기 종결되는 경우까지 합치면 이러한 경우는 놀랄 정도의 높은 비율을 차지했다. 물론 장기상담을 하는 사례도 있다. 그러나 진행한 회기 수의 평균을 보면 우리가 일반적으로

생각하는 만큼 긴 회기로 운영되는 경우는 그다지 많지 않았다. 대
부분의 내담자는 가급적이면 짧게, 간단히 답을 얻어 일상으로 빠
르게 복귀하기를 기대한다고 볼 수 있었다. 물론 상담 문화가 보편
화되지 않았던 2000년 대 초반의 자료이므로 현재에도 그대로 적
용될 것이라고는 생각하지 않는다. 그러나 최신 문헌 및 자료와 역
자의 경험을 보면 여전히 단회상담 실행에 대한 상담자들의 답변
은 동일할 것이라 생각한다.

   Windy Dryden 박사의 『Single-Session Therapy: Distinctive
Features』를 번역한 『알기 쉬운 단회 심리상담: 단회상담의 이해와
실제』는 저자와 역자의 상담철학이 맞닿아 있어 단회상담을 어떻
게 이해하고 준비해야 하며, 또 상담의 시작과 마무리까지 구체적
으로 어떻게 진행해야 하는지 일대일로 마주 앉아 담론을 펼치는
기분으로 번역했다. 역자는 내담자가 준비되어 있다면 상담자도
단회로 상담을 마칠 수 있는 준비가 충분히 되어 있어야 한다고 생
각한다. 물론 내담자가 차후에 혼자 단회상담의 성과를 유지하는
데 어려움이 있으면 상담의 효과성을 유지하기 위해 Boost session
을 해야겠지만, 아주 특별한 경우를 제외하곤 단회상담이 가능하
기 때문이다.

   단회상담을 진행하고자 하는 상담자는 상담신청에서부터 특별
한 전략이 필요하다. 상담은 상담신청서나 전화 접수신청 내용에
서 큰 그림을 그리는 것으로 시작된다. 상담자는 이미 내담자의 문
제에 대한 치료적 가설을 세울 수 있어서, 내담자의 힘든 이야기 속
에 흐르는 패턴을 파악하고 그 패턴의 이면에 존재하는 내담자의

심리내적 메커니즘을 파악하고 이해할 수 있다. 단회상담을 하는 상담자는 무엇보다도 단회상담 회기 내에 치료적 가설을 통해 내담자가 호소하는 내용 속에서 찾아낸 패턴과 패턴 속에 숨겨진 심리내적 메커니즘을 내담자가 파악하고 이해할 수 있도록 다루고, 그 상담의 효과를 내담자가 깊이 체험할 수 있도록 해야 한다. 상담자는 내담자가 이러한 변화의 경험을 통해 이전에 습관적으로 응했던 내적 마음과 완전히 다른, 새로운 내적 마음으로 '소중한 변화 경험'을 일상 속에서도 혼자서 유지하고 행할 수 있도록 내담자 일상의 삶을 디자인해야 한다. 역자가 저자와 담론을 나누듯 번역한 『알기 쉬운 단회 심리상담: 단회상담의 이해와 실제』는 향후 내담자의 욕구를 파악하여 진정한 내담자 중심의 상담을 운영하고자 하는 상담자에게 좋은 길라잡이가 될 것이라고 생각한다.

이번 번역 작업을 흔쾌히 받아 주고 기회를 만들어 주신 학지사 김진환 대표님과 항상 좋은 정보로 자극을 주신 영업부 한승희 부장님, 교정 과정을 정성껏 지원해 주신 편집부 김지예 선생님을 비롯한 관계자 여러분께 고마운 마음을 전한다.

2023년 8월
이명우

저자 서문

◊

 단회상담(Single Session Therapy: SST, 이하 SST)은 새로운 것
이 아니다. 정신분석의 창시자인 Sigmund Freud는 두 번의 유명
한 단일 회기 치료를 수행했다. 하나는 1893년에 Aurelia Öhm-
Kronich('Katharina')와 한 것이고(Freud & Breuer, 1895), 다른 하나
는 1910년에 유명한 작곡가인 Gustav Mahler와 한 것이다(Kuehn,
1965). Freud에서 갈라져 Adlerian 상담을 발전시킨 Alfred Adler는
1920년대에 여러 아동상담 클리닉을 설립했는데, 그곳에서 그는
전문가와 일반 청중을 앞에 두고 부모와 아동을 대상으로 각각 그
리고 함께 자신의 기법으로 단일 회기 시연을 하였다. Albert Ellis
는 40년(1965년에서 2005년까지) 동안 그의 이름을 딴 연구소에서 많
은 일반 청중 지원자와 함께 SST를 했다(Ellis & Joffe, 2002). Milton
Erikson의 알려진 대부분의 사례는 단일 회기로 이루어져 있으
며(O'Hanlon & Hexum, 1990), 1965년에 Carl Rogers, Fritz Perls와
Albert Ellis가 'Gloria'를 인터뷰한 것으로 유명한 〈글로리아〉라는
영화는 SST로 볼 수 있다.

1970년대와 1980년대 초에 SST는 Bernard Bloom(1981)의 중요한 작업에도 불구하고 다소 방향을 상실했다. 1990년대 초 Moshe Talmon이 캘리포니아의 카이저 퍼머넌트 클리닉에서 동료인 Michael Hoyt와 Robert Rosenbaum과 함께 수행한 작업을 보고한 『단회상담: 최초의 (그리고 종종 유일한) 치료적 만남의 극대화된 효과』라는 제목의 책을 출판하고 나서야 SST에 대한 관심이 다시 생겨났다.

2012년 호주 멜버른에서 SST와 walk-in 상담에 관한 첫 번째 국제회의가 개최되고 2015년 캐나다 밴프에서 두 번째 국제회의가 개최된 이후[1], SST는 가용 관점보다 필요 관점에서 치료적 도움을 제공하기 위해 모두가 노력하고 있는 중에 많은 관심을 끌고 있다.

심리치료와 상담에서의 훈련은 여전히 내담자가 반드시 한 번 이상의 회기를 할 것이라는 생각에 근거하고 있다. 어디에서나 이렇게 생각하지만, 사람들이 가장 많이 하는 회기 수는 '한 회'다(Hoyt & Talmon, 2014a; Hoyt, Bobele, Slive, Young, & Talmon, 2018a). 이것이 이 책을 쓴 배경이다.

'심리치료와 상담의 독특한 특징' 시리즈의 다른 책처럼, 이 책은 각각 15가지 특징이 있는 이해와 실제의 두 부분으로 나뉘어 있다. 시리즈의 다른 책과 달리 단회상담은 접근법이 아니다. 오히려 다양한 접근방식을 가진 상담자들이 채택할 수 있는 작업방식을 뒷받침하는 마음가짐이다. SST 커뮤니티는 개인상담과 부부상담, 집

---

1) 세 번째 국제회의는 2019년에 호주 멜버른 근처에서 다시 개최되었다.

단상담을 하는 상담자들이 있는 광범위한 학파다(Hoyt & Talmon, 2014b, Hoyt, bobele, Slive, Young, & Talmon, 2018b). 필자는 SST 커뮤니티의 사람들이 공평하다고 생각할 만한 책을 쓰려고 노력했으나, 필자의 SST 실제는 개인을 대상으로 하기 때문에 편견이 들어가 있다. 필자는 본인의 경험을 이야기할 때 이러한 점을 분명히 하려고 노력했다. 그래도 이 책은 필자가 쓴 『단일 회기 통합 인지행동치료(SSI-CBT): 독특한 특징』이라는 제목의 'CBT의 독특한 특징' 시리즈의 책보다는 더 일반적이다.

이 책은 주류의 치료적 신념에 도전할 가능성이 있다. 필자는 독자 여러분이 마음을 열고 이 책을 읽기를 바라며, 그렇게 한다면 이 책은 여러분의 상담 실제를 더 좋게 바꾸어 줄 것이다.

차례

· 제1부 ·

단회상담의 이해

• 제2부 •

단회상담의 실제

SINGLE-SESSION THERAPY

제1부

**단회상담의
이해**

명칭이 지닌 의미

요약

첫 장에서는 단회상담을 정의한 몇 가지 방식을 논의하면서 단회상담 (Single Session Therapy: SST)의 특성을 살펴보고자 한다. 단회상담은 표면적으로는 한 회기 동안 지속되는 상담이지만, 실제로는 훨씬 더 복잡하다.

SST는 한 회기뿐이다

필자가 방금 말한 바와 같이 '단회상담(SST)'이라는 용어는 명확해 보인다. 그것은 한 회기의 상담을 의미하고, 그것이 전부다. 이 분야의 일부 사람은 단회상담을 이런 식으로 보고 있지만, 대부분의 SST 상담자는 이런 관점에 동의하지 않는다.

Talmon의 정의

　단회상담의 선구자 중 한 사람인 Moshe Talmon은 그의 주요 저서에서 단회상담을 달리 정의하고 있다. 그는 "이 책에서는 단회상담을 1년 이내에 상담자와 내담자 간의 사전 또는 후속 회기가 없는 한 번의 대면 만남으로 정의한다."(Talmon, 1990: xv)라고 하였다. 이는 상담자와 내담자가 비대면 만남을 할 수 있고, 그 상담은 여전히 SST로 간주될 수 있다는 것을 의미한다.

Hoyt 등의 보완된 정의

　최근 Hoyt, Bobele, Slive, Young과 Talmon(2018a)은 Talmon (1990)의 정의는 연구 목적의 정의라고 하면서 거리를 두었다. 그들은 그해 전후에 다른 회기가 없어야 한다는 것은 자의적이며, '대면'의 기준이 Skype 같은 온라인 커뮤니케이션 플랫폼 개발 전에 나왔다고 주장하고 있다. 그들은 Talmon의 저서에서 논의되었던 상담은 많은 사람이 오직 한 회기만 참여한다는 사실에 근거하고 있으며, 따라서 상담자와 내담자는 첫 회기가 마지막 회기인 것처럼 접근해야 한다는 조언을 받았다고 주장한다. Talmon의 저서가 출판된 지 28년 후에 Hoyt 등(2018a: 18, 각주)은 "단회상담 내담자는 1년에 한 번 이상(요즘은 대면, 전화나 온라인으로) 상담할 수 있으며, 기본적인 단회상담의 조건은 회기를 유일한 (단일) 회기인 것처럼 접근하고 그 자체로 완전하다는 것이다."라고 말했다. 그러나 현재 대부분의 SST 이론가와 상담자가 강조하는 것처럼, 내담자가 추가 회기를 필요로 하면 내담자에게 이를 제공해야 한다. 회기를 유일한 회기인 것처럼 다루되 내담자가 요구하면 추가 회기를 제공해야 한다는 관점이 오늘날 SST 영역에서 가장 지배적인 관점이다.

한 번에 한 회(OAAT) 상담

Michael Hoyt(2011)는 책에서 '한 번에 한 회 상담(One-At-A-Time Therapy: OAAT Therapy)'이라는 용어를 소개하였다. 이 용어는, Hoyt 등(2018a)의 책 제목으로 쓰인 것에서 알 수 있듯이, SST 학계에 받아들여졌다. 그러나 이 용어는 '단회상담'이라는 용어의 영향력이 부족하다. 용어가 나타내는 것처럼, '한 번에 한 회' 상담은 한 번에 한 회기가 이루어지는 상담이다. 내담자는 한 회기의 상담으로 충분하지 않다면 추가 회기를 예약할 수 있다는 안내를 받는다. 그러나 내담자는 연속적으로 회기를 예약할 수는 없다. 필자는 OAAT 상담에서 상담자는 추가 회기의 예약 여부를 결정하기 전에 그들이 함께한 회기를 성찰하고, 배운 내용을 소화하고, 배운 것을 실행하여 문제를 수습하도록 내담자를 격려해야 한다고 생각한다(제29장 참조).

OAAT 상담은 Nicholas Cummings(1990)가 생애 주기 동안 단기

간헐적 심리치료라고 부르는 것과 일치한다. 내담자는 스스로 해결할 수 없는 문제가 있을 때 상담을 찾고, 그들이 문제를 독립적으로 다룰 수 있다고 느낄 때 상담을 중단한다. OAAT 상담체제는 내담자가 그들의 문제를 한 번에 한 회기에서 다룰 수 있도록 하고, 있는 그대로 왔다 갔다 하면서 상담에서 얻는 것이 있다고 느낄 때면 언제든지 상담을 받을 수 있도록 한다.

'OAAT' 상담이란 용어를 제안한 Michael Hoyt(2018년 5월 4일, 개인적인 연락)는 다음과 같이 말했다.

> 때로 나는 "한 번에 한 회라는 것이 꼭 단 한 번을 의미하는 것은 아니다."라고 말한다. Young(2018)은 (많은 내담자가 다시 오기 때문에) SST가 실제로는 잘못된 명칭이긴 하지만 그것은 '직설적'이고, 상담은 여러 회기를 진행하거나 또는 지속적으로 이루어져야 한다는 생각에 강하게 도전하므로 'SST'라는 용어를 유지해야 한다고 주장하고 있다.

이것은 또 다른 차원의 명칭 논쟁을 일으킨다. '한 번에 한 회'(OAAT) 상담이란 용어가 보다 정확한 표현일 수 있지만, SST보다는 파급력이 약하다. SST 또한 문제가 있는 용어이긴 하지만 아주 오랫동안 사용되어 왔다. 합리적 정서행동치료(REBT)의 창시자인 Albert Ellis에게도 '합리적'이라는 단어에 관해 이와 비슷한 논쟁이 있었다. Ellis는 워크숍에서 다시 한번 더 고심하면서 뒤늦게 깨달은 것을 반영할 수 있다면 '인지적 정서행동치료'라고 했을 것이라고 말하곤 했다. 그러나 '합리적'이란 단어가 REBT를 언급할 때마다 너무 자주 사용되었기 때문에 나중에 명칭을 바꾸는 것은 역효과를 가져올 수 있다.

계획된 SST와 자동적인 SST

계획된 SST와 자동적인 SST를 구분해야 한다. 계획된 SST는 상담자와 내담자가 단회상담을 의도적으로 실행할 때 일어난다. 이것은 추가 회기가 없는 단일 회기이거나 한 번 이상의 회기가 가능한 회기일 수 있다. 핵심은 상담자와 내담자가 상담을 시작하기 전에 이를 합의하는 것이다.

자동적인 SST는 상담자와 내담자가 모두 장기상담을 예상했는데 내담자가 한 회기만 온 경우에 일어난다. 이런 경우 내담자는 다른 회기에 참여하지 않기로 결정하고 다음 예약을 취소하거나 오지 않을 수 있다. 상담자는 내담자가 두 번째 회기에 오지 않으면 종종 '조기종결'이라고 한다. 이는 주로 내담자가 예약을 취소하지 않고 약속한 회기에 나타나지 않는 경우다. 상담자들은 자동적인 SST를 상담의 중단으로 보고 일반적으로 이를 부정적으로 여기는 경향이 있는데, 내담자가 회기에서 얻은 것이 거의 또는 전혀 없다고 생각하기 때문이다. 그러나 실제로는 놀랍게도, 자동적인 SST에서 대부분의 내담자는 그들이 했던 회기에 만족하고 기대했던 도움을 받았다고 생각한다(Hoyt et al., 2018a; Talmon, 1990).

OAAT 상담은 보통 계획되어 이루어지지만 내담자가 도움을 받고 나면 떠났다가 더 도움이 필요할 때 다시 돌아와 상담을 받는 방식으로 발전된 상담이기도 하다.

예약 또는 walk-in으로 하는 SST

마지막으로, SST는 예약에 의해 이루어지거나 walk-in으로 이루어진다. 예약의 경우, 사람들이 SST 서비스에 대해 알고 있고 상담자와 약속을 하기 위해 상담실에 연락한다. walk-in의 경우는 글자 그대로 사람들이 상담실로 걸어 들어와 간단한 접수양식을 작성하고, 보통은 즉시 또는 잠시 기다렸다가 상담자와 만난다. 추가 회기는 '예약'과 'walk-in' 모두 가능하지만, walk-in에서는 사람들이 추가 상담을 받기 위해 다시 방문하는 경우가 많지 않다.

SST에 대한 오해

요약

앞 장에서 SST의 작업방식을 설명할 때 사용된 일부 용어를 논의하면서 SST의 특성을 살펴보았다. 이 장에서는 SST를 처음 접하는 사람들과 아직 SST를 접해 보지 못한 사람들이 SST에 대해 가지고 있는 아홉 가지 오해를 논의하면서 이 분야를 좀 더 넓게 정의해 보고자 한다. 각각의 오해를 나열한 후, 그것을 바로잡도록 하겠다.

SST는 치료적 원리 또는 단일 상담 방식이다

필자는 제5장에서 SST에 대한 가장 좋은 사고방식은 마음가짐, 즉 상담 실제에 영향을 미치는 작업을 보는 특별한 방식을 포함하여 생각하는 것이라고 소개하고 있다. 따라서 부부상담이 치료적 원리가 아니듯이 SST도 치료적 원리가 아니다. 또한 부부상담처럼 SST는 단일 상담 방식으로 이뤄지지 않는다. SST에 대한 중요한 발상은 필자가 (해결중심치료, 협동치료, 이야기치료, 강점기반치료를 포함하여) '건설적 접근들'이라고 부르는 것에서 나왔지만, SST는 다양한 접근배경이 있는 상담자에 의해 실행될 수 있고, 실행되고 있다(Dryden, 2019a). SST에는 하나의 접근법만 있는 것이 아니다. SST는 마음가짐이고 치료적 서비스를 전달하는 방법이다.

SST는 '만병통치약'이다

SST 지지자들은 상담기관에서 이용 가능한 여러 상담서비스 중에서 SST가 가장 중요한 것으로 여겨지기를 바란다. 그러나 SST가 다양한 상담서비스를 대체해서는 안 되며, SST 학계의 어느 누구도 SST가 도움을 구하는 모든 사람에게 제공되고 사용되어야 한다고 주장하지는 않는다.

SST는 응급조치다

'응급조치'란 용어는 문제에 대한 빠르고 쉬운 해결책처럼 보이지만 사실은 그다지 좋지 않거나 오래 지속되지 않는 것을 의미한다. SST 상담자가 하려는 것은 응급조치가 아니다. SST 상담자는 내담자와 함께 문제에 대한 의미 있고 지속적인 해결책을 찾거나 그러한 해결책으로 이어질 조치를 취하도록 돕기 위해 노력한다.

SST는 비용을 절감하기 위해 활용한다

예산 담당자는 SST를 비용을 절감하는 방법으로 보기 때문에 SST에 끌릴 수 있다. 필자는 제4장에서 SST가 가용 관점보다는 필요 관점에서 도움을 제공해야 한다는 생각에 근거를 둔다고 이야기한다. 상담서비스가 '필요 관점'에서의 도움을 제공하기 위해 재구조화될 때, 비용 또한 절감할 수 있다. 설령 비용을 줄이기 위한 경우라 하더라도 이것이 치료적 서비스를 제공하는 이 방법의 주요 이유가 되어서는 안 된다.

SST는 상담에 대한 접근을 제한한다

SST의 기본적인 생각은 내담자에게 단 한 번의 회기만 제공한다는 것이 아니라, 그 회기가 내담자가 하는 유일한 회기가 될 수도 있다는 가정하에 내담자가 회기를 최대한 활용할 수 있도록 돕는 것이다. 내담자가 회기를 최대한 활용할 수 있도록 돕는다는 원칙을 알리지 않고 내담자에게 한 회기의 상담을 제공할 수도 있다. 필

자는 이렇게 하는 것이 두 가지 면에서 최악이라고 생각하는데, 내
담자를 한 회기로 제한한다는 것과 내담자가 회기를 최대한 활용
하도록 돕지 않는다는 점에서 그렇다.

대부분의 SST 서비스에서는 추가 회기가 가능한데, 임상적으로
표시되지 않는 한 향후 몇 달 동안 매주 예약하는 것보다는 한 번에
한 회씩 예약하는 것이 일반적이다. 따라서 SST는 상담에 대한 접근
을 제한하지 않는다. 대신 이것은 서비스를 이용하는 내담자의 필
요에 따라 이루어지기 때문에 내담자가 오래 기다릴 필요가 없다.

SST는 신속한 상담이다

어떤 사람은 SST를 상담자가 한 회기에 많은 회기를 쑤셔 넣어
'상담의 속도를 높이는' 것이라고 생각하지만 이는 사실이 아니다.
실제로 상담자가 그렇게 하려고 시도하면, 그런 시도는 종종 SST를
비효율적으로 만든다. SST는 '빠를수록 더 좋다'와 '적을수록 더 좋
다'는 두 가지 원칙에 따라 진행된다. SST 상담자로서 필자는 내담
자가 가능한 한 많은 것을 가져갈 수 있도록 시도했는데 이는 잘못
된 것이었으며, 그러한 접근법에서는 종종 내담자가 아무것도 가
져가지 못한다는 것을 배웠다. Michael Hoyt가 최근 몇 년 동안 반
복해서 강조했듯이(Hoyt, 2018), 단일 회기에는 자체적인 과정이 있
다. 이것은 가령 6회기의 상담과정을 한 회기로 줄이려는 것이 아
니다. 회기는 그 자체로 완전한 것으로 여겨진다(Talmon, 1990).

SST는 위기개입과 같다

단일 회기가 위기에 처한 사람을 도울 수 있지만, SST가 위기개입과 같은 것은 아니다. 따라서 사람들이 SST의 도움을 받기 위해 위기에 처할 필요는 없다. 또한 위기에 처한 사람은 그 위기를 해결하기 위해 많은 회기가 필요할 수 있다.

SST는 한 회기만 하기 때문에 쉽다

어떤 상담자는 장기상담이 어렵다고 생각하는데 어쩌면 그럴 수도 있다. 이런 상담자는 장기상담에 비해 단기상담은 비교적 쉽고, 더 나아가 SST가 그중에 가장 쉽다고 생각한다. 그러나 필자의 생각은 좀 다르다. (앞서 말한 대로) SST에서 '적을수록 더 좋으려면' '적을수록 더 어려워진다.' 그 간결함과 집중력을 감안하면 SST를 실행하는 것은 상당히 어렵고, SST 상담자에게는 고도의 치료적 기술이 요구된다.

SST는 모든 사람에게 적합하다

SST가 도움이 되지만, 모든 내담자에게 그런 것은 아니다. 필요하든 필요하지 않든 간에 지속적인 상담을 원하는 내담자는 추가 회기를 사용할 수 있으며, 그 사용에 대한 설득력 있는 근거가 있더라도 단일 회기를 하는 것이 썩 내키지 않을 수 있다. 상담자와의 지속적인 관계에 대한 안전함을 바라는 내담자도 있으며, 이런 내담자의 임상적인 선호는 존중되어야 한다.

또한 SST는 모든 상담자에게 적합하지 않다. 어떤 상담자는 호소문제의 배경에 대한 온전한 탐색과 사례개념화를 해야지만 상담을 실행할 수 있다고 생각한다. 그런 상담자는 SST에서 그렇게 할 수 없고, 시간이 촉박함에도 이를 실행하려고 애쓸 것이다.

내담자가 원하지 않는데 SST를 하도록 권하거나, 특히 상담자의 견해와 관련 기술이 SST의 마음가짐(제5장 참조)과 일치하지 않는데 SST를 실행하도록 요구하는 것은 좋은 생각이 아니다. 오히려 SST는 내담자가 단회상담의 잠재력을 알아보고, 상담자가 가능한 한 가장 짧은 기간에 의욕적인 내담자를 돕고자 하는 도전을 받아들일 때 가장 잘 실행된다.

사람들은 스스로를 빠르게 돕는 능력이 있다

요약

단회상담은 사람들이 스스로를 도울 수 있는 조건이 형성되면 스스로를 빠르게 돕는다는 가정에 바탕을 두고 있다. 그렇지 않다면 SST는 가능하지 않을 것이다. 이 장에서는 내담자가 스스로를 빠르게 도운 사례를 제시하고, 이를 통해 내담자가 스스로를 빠르게 돕기 위해 필요한 네 가지 중요한 조건을 설명하고자 한다.

고소공포증이 있는 Paul의 사례

Paul은 필자가 제공하는 임상 서비스 중에 SST가 있다는 것을 알고 전화했다. 그는 낭만적인 장소에서 여자 친구 Angela에게 청혼하고 싶었고, 그녀의 여동생이 Angela의 꿈은 에펠탑 꼭대기에서 청혼을 받는 것이라고 몰래 알려 줬다. 오랫동안 고소공포증이 있었던 Paul은 이로 인해 고민에 빠졌다. 그는 5일 후에 Angela와 파리에 가기로 약속했고, 여행 중에 에펠탑을 깜짝 방문하여 그녀에게 청혼하고 싶어 했다. 그는 이전에 시도했지만 그와 잘 맞지 않았던 최면치료를 사용하지 않고도 고소공포증을 극복하도록 도와줄 수 있는지 문의해 왔다. 필자는 이것이 '어려운' 요구사항이긴 하지만, 우리가 함께 최선을 다한다면 문제를 해결할 수 있을 것이라고 답했다. 그는 동의했고, 우리는 그다음 날 단일 회기를 하기로 했다.

회기에서 Paul은 높은 곳에 있을 때, 추락하는 이미지와 느껴질 것이라고 예상하는 흔들리는 감각에 대해 불안해하는 것으로 드러났다. 좀 더 탐색해 보자, Paul은 흔들리는 감각을 그가 통제력을 잃고 있다는 증거이자 견딜 수 없는 무언가로 여기고 있었다. 필자는 Paul에게 왜 그가 높은 곳에서 추락하는 이미지를 갖고 있는지에 대한 필자의 의견을 듣고 싶은지 물었고, 그는 꼭 듣고 싶다고 대답했다. 필자의 생각에 이러한 이미지는 흔들리는 감각에 대한 Paul의 과민한 태도 때문이며, 이런 감각에 빠지지 않고 견뎌 낸다면 결국 그것은 마음속에 오래 머물지 않을 것이라고 했다. Paul은 이 견해에 동의하였고, 우리가 함께 논의한 것을 적용해 보고자 했다. 처음에는 평지에서, 그다음엔 높은 곳에서 그 흔들리는 감각에 스스로를 노출해 보는 것이 필요했다. Paul은 그렇게 하기로 결심하고 다음 이틀 동안 그렇게 했다. 그다음 주에 그는 에펠탑 꼭대기에서 Angela에게 청혼했고 승낙을 받았다고 필자에게 문자를 보내 왔다.

빠른 변화를 위한 네 가지 조건

필자는 내담자가 스스로를 빠르게 도우려면 ① 지식, ② 변화하려는 확고한 이유, ③ 변화하기 위해 대가를 치르려는 각오, ④ 적절한 행동의 수행이라는 네 가지 조건이 있어야 한다고 생각한다. 알다시피, Paul의 사례에는 이 네 가지 조건의 요소가 모두 있었기 때문에 그가 단기간에 변화할 수 있었다.

▌지식

무엇을 해야 하는지 아는 것은 아마 빠른 변화를 설명하는 네 가지 조건 중에서 가장 약한 부분일 것이다. SST에 대한 일부 접근법(예: CBT 기반 접근들)에서는 지식이 중요하지만, 다른 접근법(예: 에릭슨 접근들)에서는 상대적으로 중요하지 않고 역효과를 낼 수 있다.

그러나 Paul에게는 지식이 두 가지 면에서 중요했다. 첫째, 지식은 그가 경험하는 증상들이 왜 일어나는지 이해하는 데 도움이 되었다. 둘째, 그가 자신의 문제를 적절히 다루기 위해 무엇을 해야 하는지 알려 주었다. 무엇을 해야 할지 모른다면 아무것도 하지 않겠지만, 무엇을 해야 할지 안다고 해서 아는 것을 실행한다는 뜻은 아니다. 이런 이유로 지식은 빠른 변화를 촉진하는 중요 조건이 되긴 하지만 보통은 불충분하다.

▌변화하려는 확고한 이유

변화해야 할 타당한 이유가 있고 그 이유에 전념하는 것이 핵심이다. 그 변화의 적시성 또한 중요한 요인이다. 따라서 Paul은 자신을 위해서가 아니라 에펠탑 꼭대기에서 청혼받는 것을 늘 꿈꿔왔던 여자 친구를 위해 고소공포증에서 벗어나고 싶어 했다. 시간 요인은 그가 필자와 연락을 하고 5일 후에 여자 친구와 파리로 간다는 것이었다. 청혼하려면 그는 즉시 행동을 취해야만 했다.

▌변화하기 위해 어떤 대가라도 치르려는 각오

불행하게도, 심리적인 변화는 늘 사람들에게 어떤 대가를 치르도록 요구한다. 그 대가는 내적인 것(예: 원하는 것을 얻기 위해 어떤 고통이나 불편을 참아야 함)일 수도 있고, 대인관계적인 것(예: 변화하려면 어떤 사람과의 관계가 악화될 수 있음)일 수도 있고, 실용적인 것(예: 변화되면 특정한 혜택을 잃을 수도 있음)일 수도 있다. 만약 내담자가 그러한 대가를 치를 준비가 되어 있다면 내담자는 변할 수 있을 것이고, 그렇지 않다면 변하지 않을 것이다. Paul은 자신의 고소공포증을 효과적으로 이겨 내려고 내적인 대가를 감수했다. 그 대가란 그가 높은 장소를 마주하면 흔들리는 감각의 불편감과 높은 곳에서 추락하는 이미지를 견뎌 내야 하는 것이었다. Paul은 변화하기 위해 이러한 대가를 치를 준비가 되어 있다고 했다.

▌적절한 행동의 수행

내담자가 앞의 세 가지 기준을 충족하였더라도 상담자와 이런 조건을 논의하면서 배운 것을 바탕으로 한 행동을 수행할 준비가 되어 있지 않다면, 내담자는 변화하지 않을 것이다. Paul은 에펠탑 꼭

대기에서 Angela에게 청혼하는 목적을 달성하려면 먼저 몇 군데의 높은 곳을 찾아가 흔들리는 감각과 그 장소에서 추락하는 이미지를 견뎌야 한다는 것을 알았다. 그는 이것을 수행했고, 더 이상 두렵지 않아지면 그 장소를 떠났다. 그 결과, Paul은 불안해하지 않고 에펠탑 꼭대기에 갈 수 있었고, Angela에게 청혼하여 승낙을 받았다.

때때로 사람들은 믿기지 않게 매우 짧은 기간에 무언가를 해 낸다. Michael Jackson의 〈스릴러〉를 작곡한 영국 클리토프 출신의 작곡가 Rod Temperton은 프로듀서인 Quincy Jones와 함께 노래의 후반부에 Vincent Price가 읽을 가사를 쓰기로 했다. 다음날 오후 두 시에 Price가 스튜디오로 오기로 했기 때문에 Temperton에게는 작사 작업을 해서 스튜디오에 전달하기까지 여섯 시간이 있었다. 그러나 그는 자신의 영국 에이전트와 그날 정오까지 이어지는 조찬 모임이 있다는 것을 잊고 있었다. 그래서 이제 Temperton은 두 시간 안에 가사를 써서 전달해야 했다. 그는 아슬아슬하게 완성했고, 〈스릴러〉를 아는 사람이라면 누구나 알고 있듯이 그 결과는 엄청났다(Pitman, 2017).

제4장

SST는 필요 관점에서의
도움 제공을 기반으로 한다

요약

이 장에서는 도움을 주는 두 가지 방법을 비교해 볼 텐데, 하나는 필요 관점에서의 도움 제공을 기반으로 하는 것이고, 다른 하나는 가용 관점에서의 도움 제공을 기반으로 하는 것이다. 각 방법의 바탕이 되는 가정들을 살펴보면, SST는 필요 관점에서의 도움 제공을 기반으로 한다는 것이 분명해진다.

종종 전문가들의 마음속에서 SST에 대한 생각은 '응급조치' '건강으로의 비상' '자연 치유' '치료의 조기종결' '피상적인 변화'와 같은 개념으로 복잡하게 뒤엉킬 수 있다. SST에 관련된 이런 경멸적인 생각들 때문에, SST 상담자가 이런 상담 방식을 지지하지 않는 동료들에게 SST를 소개할 때 편견이 가득한 이야기를 듣기 쉽다. 그러나 내담자가 SST 상담서비스에 대해 이야기한 것을 살펴보면, 아주 다른 그림이 나타난다.

도움을 주는 방법

만약 내담자에게 필요할 때 추가 회기를 약속하는 단회상담과 지속적인 상담 중에 하나를 선택하라고 요청하면, 아마 대부분의 내담자는 후자를 선택할 것이다. 그러나 선택은 동일하지만 보다 현실적인 맥락을 더한다면, 다른 답이 나올 수 있다. 따라서 "방법 1은 필요하다면 추가 회기가 가능하고 즉시 (또는 며칠 기다려서) 진행하는 단회상담입니다. 방법 2는 지속적인 상담을 받기 위해 평가 대기자 명단에 이름을 올리고, 적합하다고 판단되면 실제 상담을 받기 위해 3개월 이상 대기해야 하는 또 다른 대기자 명단에 이름을 올리는 방법입니다. 방법 1과 방법 2중에 어느 방법을 선택하시겠어요?"라고 질문한다면, 많은 내담자가 방법 1을 선택할 것이다.

▌방법 1의 예

이것은 실제로 영국 남부에 있는 본머스 예술대학교(AUB)의 사례다. 이 대학교는 모든 학생에게 최대 6회기의 상담을 제공하는 6회기 상담모형을 따랐는데, 대기자 명단이 계속 늘어나서 지속 불가능한 상태가 되자 이러한 상담서비스를 계속 제공할 수 없다는 것을 알게 되었다. 이러한 6회기 계약도 이전의 12회기 계약에서 줄인 것이었다. 그들은 필자에게 자문과 도움을 요청하면서 SST

서비스 제공을 시작하기로 결정했다. 결국 그들은 2017~2018학년도 초에 도입한, 필자가 '한 번에 한 회' 서비스 제공 접근이라고 분류한 상담을 하기로 결정했다. 그러자 학생들은 빠르게 상담을 받을 수 있었고, 첫 회기를 끝낼 즈음에 추가 회기를 예약할 수 있었지만, 연속적인 상담은 예약할 수 없었다. 그 결과, 대기자 명단은 대폭 줄어들었고, 6회기 계약일 때는 몇 주 동안 약속을 기다려야 했던 대기일이 길어 봤자 5일에 불과했다.

흥미롭게도, 학생들의 의견을 조사해 보니, OAAT 서비스가 도입됨과 동시에 대학과정을 시작한 학생들은 그들이 필요할 때 상담을 받을 수 있다는 점을 가장 좋게 여겼다. 반면, 6회기 상담모형에 익숙한 복학생들은 서비스가 줄어드는 것에 대해 불평했다. 이것은 서비스 이용자와 다른 전문가들에게 SST를 소개할 때 상황에 맞게 SST를 제공하는 것의 중요성을 보여 준다.

본머스 예술대학교 신입생들의 의견은 가용 관점보다는 필요 관점에서 제공되는 도움의 중요성을 분명하게 보여 주고 있다.

필요 관점에서의 도움

조력 전문직에 종사하는 사람이라면 누구나 심리적인 도움을 청하는 모든 사람에게 필요 관점에서 그들이 필요로 하는 도움을 제공해야 한다는 생각에 토를 달지 않을 것이다. 문제는 우리가 자원이 부족한 세계에 살고 있다는 것인데, 특히 오늘날 영국의료보험

(NHS)의 재정 예산은 이런 서비스가 가능할 만큼 제공되지 않는다. 결과적으로, 심리상담에 대한 접근을 개선하기 위해 서비스를 어떻게 구조화할 것인지 결정해야 한다. 물론 그런 결정들이 종종 예산 문제에 따라 내려지긴 하지만 전부 그런 것은 아니다. 또한 이런 결정들은 사람들이 내담자에게 도움을 제공하는 데 중요하다고 여기는 것이 무엇인가에 따라 영향을 받는다. 〈표 4-1〉은 심리적 서비스를 구조화하는 두 가지 접근방식, 즉 필요 관점과 가용 관점에서의 도움 제공의 몇 가지 기본 가정을 요약한 것이다.

이 표를 보면 알겠지만, 필요 관점에서 제공되는 도움의 기본 가정은 내담자가 도움을 청할 때 반응하는 것, 즉 적극적인 상담이 포함되지 않는 다른 서비스를 제공하는 것보다 시작부터 상담을 제공하는 것의 중요성을 강조하고 있다. 예를 들면, 몇몇 영국의료보험 신탁재단은 '토킹 숍(Talking Shops)'이라는 이름으로 예약이 필요 없는 서비스를 제공하고 있다. 다음 발췌문[1]에서 알 수 있듯이, '수다 상점'에서 제공하는 도움은 가치가 있지만, 그것이 SST는 아니다.

---

1) 이것은 원래 로더럼 동커스터와 사우스 험버의 영국의료보험(NHS) 신탁재단이 '심리치료의 접근 개선(IAPT)' 프로그램과 함께 운영한 웹사이트인 talkingsense.org에 게시된 것이다. www.talkingsense.org/how-we-can-help/the-talking-shop/(접속 일자: 2016년 6월 20일)

표 4-1 필요 관점에서 제공되는 도움 대 가용 관점에서 제공되는 도움: 몇 가지 기본 가정

필요 관점에서 제공되는 도움	가용 관점에서 제공되는 도움
• 최선의 도움을 제공하기 위해 대기하도록 하는 것보다 즉시 도움을 제공함으로써 내담자의 요구에 반응하는 것이 더 좋다.	• 내담자가 필요로 할 때 약간의 도움을 주는 것보다 최선의 도움을 제공하기 위해 내담자를 기다리게 하는 것이 더 좋다.
• 즉각적인 도움을 제공하는 것이 평가를 수행하는 것보다 더 중요하다.	• 평가를 수행하는 것이 즉각적인 도움을 제공하는 것보다 더 중요하다.
• 상담은 즉시 시작한다. 사례공식화는 필요시 수행한다.	• 상담은 사례공식화에 근거하여 수행되어야 한다.
• 상담은 내담자의 이력이 없어도 시작할 수 있다.	• 상담을 시작하기 전에 내담자의 이력을 탐색하는 것이 중요하다.
• 사람들은 필요 관점에서 제공하는 도움에 활용할 수 있는 자원을 가지고 있다.	• 사람들은 사례공식화를 근거로 제공하는 도움에 활용할 수 있는 자원을 가지고 있다.
• 빠르면 빠를수록 좋다.	• 많으면 많을수록 좋다.
• 내담자가 상담에 잘 반응하는지 확인하는 가장 좋은 방법은 상담을 제공하고 어떻게 반응하는지 살펴보는 것이다.	• 내담자가 상담에 잘 반응하는지 확인하는 가장 좋은 방법은 내담자 문제에 대한 완전한 평가와 '사례' 공식화에 근거한 최적의 상담을 제공하는 것이다.
• 상담을 먼저 시작하고, 위기는 문제가 생기면 관리한다.	• 위기는 상담을 시작하기 전에 적절히 관리되어야 한다.
• 적절한 상담 기간은 내담자가 결정하는 것이 가장 좋다.	• 적절한 상담 기간은 상담자가 결정하는 것이 가장 좋다.
• 내담자가 추가 회기에 오지 않는다면, 그들이 제공받은 도움에 만족하지 않아서일 경우도 있지만, 내담자가 성취한 것에 만족하기 때문일 수도 있다.	• 내담자가 추가 회기에 오지 않거나 '상담과정'을 마무리하기 전에 상담을 중단한다면, 이는 나쁜 결과로 봐야 한다.

동커스터와 스컨소프 지역에서 운영하는 이 '토킹 숍'은 예약할 필요 없이 조언과 심리상담을 제공하는 곳으로, 사람들은 정신건강 문제에 대한 정보를 찾아 보고 신탁재단이 제공하는 심리치료에 관한 지식을 얻을 수 있다.

이곳에서는 예방과 자조 책자, 최신 컴퓨터 기반 개입 프로그램에 대한 정보를 제공하며, 필요시 건강전문가와의 짧은 초기상담을 할 수 있는 기회도 제공한다.

접수실 직원과 자원봉사자들은 방문자가 정보에 접근하고 컴퓨터를 이용할 수 있도록 돕는다. 정신건강 문제를 가지고 있는 사람의 보호자도 정보에 접근할 수 있고 지역의 지원을 받을 수 있다.

상담자에게 상담을 받고자 하는 사람들은 이용 가능한 의뢰 방법을 통해 서비스에 접근하는 방법을 조언받을 수 있다(이것에는 보통 담당 일반의의 진찰도 포함된다).

일단 로더럼 동커스터와 사우스 험버의 영국의료보험 신탁재단의 '심리치료의 접근 개선(IAPT)' 서비스에 의뢰되면, 상담자는 사람들에게 인지행동치료(CBT)와 상담을 포함한 다양한 대화 치료를 제공한다.

필자는 이 장의 서두에서 SST를 처음 접하는 상담자는 종종 단일 회기에서 얻을 수 있는 것에 대해 회의적이라고 언급했다. 그러나 서비스 이용자를 추적하여 SST 경험에 대해 질문한 결과, 대다수 이용자가 제공받은 도움에 만족한다고 답변했다(Hoyt & Talmon, 2041a).

SST 마음가짐

요약

이 장에서는 상담자의 SST 마음가짐이라고 불리는 요소들에 대해 살펴보고 논의하겠다. 또한 내담자의 SST 마음가짐이라고 할 수 있는 것도 짚어 보고자 한다. 내담자가 단일 회기를 최대한 활용하려면, 상담자와 내담자가 화합할 수 있는 SST 마음가짐을 갖는 것이 중요하다.

SST에 임하는 상담자의 마음가짐

이 책의 제2부에서 SST의 핵심 실행 실제에 대해서 상세히 논의하겠지만, 그에 앞서 SST 학계의 일부가 설명하는 SST 마음가짐을 살펴보겠다. Jeff Young(2018: 44)이 이런 마음가짐에 대한 개요를 잘 설명하고 있는데, 그는 이를 "임상작업에 대한 SST의 태도"라고 하였다. 처음부터 분명히 해야 할 것은, Young의 SST 마음가짐은 상담자의 마음에 달려 있다는 것이다. 그다음 내담자가 가져야 할 SST 마음가짐에 대해 살펴보도록 하겠다. 작업동맹의 관점(제13장 참조)에서 상담자와 내담자가 둘 다 비슷한 마음가짐으로 SST에 접근하지 않는다면, 같은 마음가짐을 가졌을 때보다 내담자가 상담에서 얻을 수 있는 것이 많지 않을 것이다. 심지어 상담을 시작조차 하지 못할 수도 있다.

▌'마치 ~인 것처럼'의 원칙에 따라 진행한다

제1장에서 살펴보았듯이, SST에 대해 보편적으로 합의된 정의는 없다. 그러나 대부분의 SST 상담자는 '마치 ~인 것처럼'이라고 불리는 원칙을 고수한다. 이는 상담자가 내담자와 함께하는 그 회기가 유일한 회기'인 것처럼' 첫 회기에 임하는 현상을 말한다. Young(2018: 44)이 말한 것처럼, 이것은 "진단, 복잡성 또는 심각성에 상관없이" 그렇다. 그러나 이 마음가짐에는 내담자와 상담자가 모두 동의한다면 추가 회기를 할 수 있다는 생각이 포함되어 있다.

▌회기의 종결에 초점을 맞춘다

SST 상담자는 내담자에게 상담이 종결될 때 이루고 싶은 것을 질문하는 대신 내담자와 함께하는 회기가 유일한 회기라는 마음으로 (앞의 내용 참고) 내담자에게 이 회기가 끝날 때 이루고 싶은 것이 무엇인지 질문해야 한다. 이는 내담자의 마음을 상담이 종결되는 먼

미래의 불특정한 시간이 아니라 지금에 집중시킨다.

▌ 회기에서 초점을 맞춰야 할 것에 합의한다

일단 내담자가 회기의 종료 시점에 이루고 싶은 것을 구체화하면, SST 상담자는 내담자가 목표를 달성하도록 도울 수 있는 회기의 초점이 합의될 때까지 내담자와 조율해야 한다.

초점 유지하기   SST에서의 시간은 짧고 합의한 초점에서 벗어나려는 인간의 성향을 고려해볼 때, 필요하다면 상담자는 재치 있게 내담자를 중단시키면서 내담자가 초점을 유지하도록 할 책임이 있다. 필자는 처음부터 필요한 경우 중단시킬 수 있다는 허락을 내담자에게 받아둘 것을 제안한다.

▌ 내담자의 강점을 활용한다

모든 SST 상담자는 내담자가 자신의 강점을 파악하고, 그 강점을 단일 회기에서의 SST 과정과 회기가 끝난 후에 배운 것의 응용에 적용하도록 돕는 것을 중요하게 여긴다.

▌ 도움이 될 수 있는 것을 공유한다

제7장에서 논의하겠지만, SST 상담자는 다양한 여러 자료를 통해 풍부한 상담적 지혜를 얻는다. Young(2018: 45)은 SST 상담자들에게 "내담자를 다시 만날 수 없다면 나는 이 내담자와 무엇을 공유하고 싶은가?"라고 자문해 보라고 권하고 있다. 많은 상담자가 그들이 선호하는 상담 작업방식에 따라 이 질문에 다양한 답을 하겠

지만, 여기에서 Young(2018)이 말하는 핵심 요점은 내담자에게 고려와 논의 대상이 되는 제안은 어떤 것이든 잠정적으로 제시해야 한다는 것이다. 또한 대부분의 SST 상담자는 그런 제안은 내담자가 예전에 이 문제와 다른 문제에 사용했던 효과적인 전략을 바탕으로 해야 하며, 내담자의 강점과 회복력 요인을 활용해야 한다고 하였다.

▌자원을 제공하고 활용한다

내담자가 가지고 돌아갈 자원을 제공하는 것에 대해 Young(2018)은 내담자가 회기에서 얻은 것을 발전시키도록 돕는 자원으로 여기고 활용할 수 있도록 외부 자원을 제공해야 한다고 하였다. 여기에는 온라인 자원, 지리적으로 근접한 조직의 자원, 지원 자원 및 내담자의 문제와 관련된 소책자가 포함된다.

▌다음 단계를 명확히 한다

SST가 종료되면 내담자와 다음 단계를 분명하게 합의해야 한다. 내담자가 회기를 성찰하고, 회기에서 배운 것을 소화하며, 이렇게 배운 것을 바탕으로 몇 가지를 시도해 문제를 해결해 보고, 필요하다면 추가 회기를 예약하도록 권해야 한다. 또한 이때 추수 상담을 합의할 수 있다.

SST에 임하는 내담자의 마음가짐

SST에 임하는 상담자의 마음가짐에 비해, SST에 임하는 내담자의 마음가짐에 대해 쓰인 자료는 많지 않다. SST에 임하는 내담자의 마음가짐은 내담자가 상담에 올 때 가져야 할 생각들을 설명하는 것으로, 실행한다면 내담자가 회기에서 최대한 많은 것을 얻을 수 있도록 돕는다. 바람직한 SST 내담자 특성에 대한 연구자료에서 이 마음가짐에 대한 내용을 발췌하였다(Dryden, 2017; Talmon, 1990).

▌지금 문제를 해결할 준비를 한다

어떤 내담자는 자신의 문제를 해결하는 데 시간이 오래 걸릴 것이라고 생각하면서 상담에 오는데, 그렇게 생각하면 결국 그렇게 된다. 따라서 내담자가 한 번의 방문으로 자신의 문제를 해결하겠다는 생각을 하고, 그렇게 되도록 상담자와 기꺼이 적극적인 동맹을 맺어 함께 열심히 하는 것이 중요하다.

▌상담자가 하는 제안에 마음을 열고 의견을 제시한다

Young(2018)은 상담자의 SST 마음가짐 요소 중 하나가 내담자에게 도움이 되거나 잠정적으로 도움이 될 만한 것을 공유하는 것이라고 하였다. 내담자가 열린 마음으로 이것을 받아들일 수 있다면, 내담자는 이를 무시하거나 순순히 동의하는 대신 제안에 대한

자신의 생각을 기꺼이 말할 것이고, 그런 토론의 결과로 상담자가
처음에 한 제안보다 더 도움이 되는 안이 나올 수 있다.

▌ 현실적인 기대를 한다

다음 장에서 상세히 논의하겠지만, 내담자가 SST로 얻고자 하는
것에 대해 현실적인 기대를 하는 것이 중요하다. 단일 회기 후에 엄
청난 성격의 변화나 획기적인 변화를 기대하는 내담자(Miller & C' de
Baca, 2001)는 마법을 바라는 것이다. 반면에 문제에서 빠져나와 앞
으로 한 걸음 나아가기를 바라는 내담자는 현실적인 SST 마음가짐
을 보여 주는 것이다.

▌ 배운 것을 실행할 준비를 한다

내담자가 배운 것을 실행하겠다는 간절한 마음으로 상담 회기에
오고 진심으로 실행하게 되면, 이런 마음가짐을 가진 내담자는 회
기에서 최대한 많은 것을 얻게 될 것이다.

내담자의 SST 마음가짐과 상담자의 SST 마음가짐이 서로 보완적
일 때, 그들은 '관점'의 영역에서 강한 작업동맹을 맺게 되고 회기
에서 좋은 성과를 내게 된다.

SST에서 기대의 중요성

요약

이 장에서는 SST에서 기대의 중요한 역할을 논의할 것이다. 먼저 내담자의 기대, 특히 상담에 필요한 시간뿐만 아니라 단일 회기에서 달성할 수 있는 것에 대한 내담자의 기대를 살펴보는 것으로 시작하겠다. 그다음 상담자가 가지는 기대와 상담자의 기대가 어떻게 형성되고 내담자의 기대에 따라 어떻게 형성되는지 살펴보도록 하겠다.

내담자의 기대

이 절에서는 시간과 성과에 대한 내담자의 기대를 논의할 것이다. Constantino, Ametrano와 Greenberg(2012)는 심리치료에서의

내담자 기대를 두 유형으로 구분하고 있는데, 내담자와 상담자가
행동하는 방식(역할 기대), 상담에 대한 내담자의 주관적 경험(과정
기대), 상담이 지속되는 기간(기간 기대)이 포함된 (상담을 하는 동안
일어날 일에 대한) **상담 기대**와 (상담을 통해 이루고자 하는 것에 대한)
성과 기대다. 이 장에서는 내담자의 기간 기대와 성과 기대를 살펴
보고자 한다.

▌기간 기대

Hoyt(1990:115)는 단기상담의 시간에 관한 장에서 "단기상담은
상담 회기의 횟수보다 태도로 더 많이 규정된다."라고 하였다. 이
러한 태도는 상담자와 내담자 모두에게 큰 영향을 미칠 수 있다. 내
담자의 기간 기대에 대한 영향력과 관련해 Battino(2014)는 밀워키
에 있는 '단기 가족상담센터'에서 수행한 상담 시간에 대한 내담자
의 기대가 상담에서 내담자의 행동에 미치는 영향 연구 프로젝트에
대해 de Shazer(1982)가 언급한 내용을 논의하였다. 이 연구에서 내
담자들은 무작위로 그 센터의 상담자들이 보통 특정한 문제를 가진
사람들을 돕기 위해 5회기나 10회기의 상담을 진행한다는 이야기
를 들었다. 연구자들은 '5회기 상담'을 받는 내담자는 4회기에서 '중
요한' 작업을 하기 시작하고, '10회기 상담'을 받는 내담자는 8회기
나 9회기에서 중요한 작업을 시작한다는 것을 발견했다. 이 흥미로
운 발견에 대한 논평에서 Battino(2014)는 자주 인용되는 '파킨슨의
심리치료 법칙'(Appelbaum, 1975)을 인용하며, 상담은 상담에 할당
된 시간을 채우기 위해 늘기도 하고 줄기도 한다고 하였다.[1]

따라서 내담자가 명시된 기간 동안 상담이 지속될 것이라고 기대한다면, 이런 기대가 상담 기간을 결정하게 된다. 필자가 SST에 관심을 갖기 전에, 해외에서 온 내담자들은 가끔 그들이 런던에 머무는 동안 상담을 받고 싶어 했다. 한 번은 내담자와 2주 동안 5회기를 하기로 했는데, 그것이 내담자에게 도움이 된다는 것을 알게 되었다. 또 한 번은 내담자를 만날 시간이 많지 않아서 오직 한 회기만 제안했다. 내담자는 그 제안을 받아들였고, 그 회기에서 매우 열심히 작업하여 5회기 상담을 받았던 내담자와 거의 동일한 성과를 냈다. 두 번째 사례에서 시간을 제한한 것은 내담자가 아주 짧은 시간에 작업을 열심히 하게끔 하려고 의도한 전략이 아니었다. 진짜로 한 시간밖에 없었다. 지금 두 사례를 돌이켜 보면, 각 내담자는 그들에게 할당된 시간을 활용했다는 것을 분명히 알 수 있다.

▌성과 기대

제5장에서 변화에 대한 현실적인 기대를 갖는 것이 내담자의 SST 마음가짐 특징 중 하나라고 하였다. 만약 내담자가 달성할 수 있는 것이 별로 없을 거라고 생각하면서 의기소침한 상태로 상담을 받으러 온다면, 상담자는 이를 빨리 다루어 단일 상담 회기에서도 변화가 일어날 수 있다는 것을 내담자가 알도록 도와야 한다. 그

---

1) 이런 현상은 삶의 다른 영역에서도 나타난다. 예를 들어, 필자가 과제를 내고 과제 마감 시간을 6개월 후로 정하면, 대부분의 학생이 최종 마감시간 30분 전에 과제를 제출한다는 사실을 발견했다. 동일한 과제를 9개월 안에 제출하도록 해도 대부분의 학생은 또 마지막 30분 전에 과제를 제출할 것이다.

렇게 하지 않으면, 자기충족적 예언이 작동하기 시작해 내담자에게 거의 또는 전혀 변화가 일어나지 않게 된다. 또한 내담자가 단일 회기에서 자신의 성격이 크게 변화될 것으로 생각한다면, 대개는 실망하게 될 것이다. 하지만 내담자가 변화가 가능하고 상담자의 도움을 받아 한 회기에서 그 과정을 시작할 수 있다고 생각한다면, 좋은 성과를 가져올 것이다. 내담자가 현실적인 목표를 세우도록 돕는 것이 이 과정의 중요한 부분이다.

상담자의 기대

Rosenthal과 Jacobson(1968)은 교사의 기대가 학생의 수행에 미치는 영향에 대한 중요한 연구를 했다. 실제로 교사가 수행을 잘할 것이라고 기대한 아동은 기대하지 않은 아동보다 더 많은 성취를 이루었다. 두 집단 아동 간에 다른 차이는 없었음에도 불구하고 그렇게 나타났다. 이런 결과는 교사가 '지적 재능을 발휘할 학생들'이라고 명명된 첫 번째 집단에게 다른 집단의 아동들보다 더 긍정적인 방식으로 반응함으로써 나타났다.

심리치료에서 상담자의 기대가 미치는 영향에 대한 많은 연구 문헌이 있다(Constantino, Glass, Arnkoff, Ametrano, & Smith, 2011 참조). Rosenthal과 Jacobson(1968)의 연구결과를 상담에 적용해 보자. 만약 상담자가 내담자가 단일 회기에서 성취할 수 있다고 생각하면, 이런 생각은 상담자의 행동에 긍정적인 방향으로 영향을 미칠 것이고, 내담자가 그 과정에 보다 건설적으로 참여하도록 이끌 것이다. 또한 내담자가 단일 회기에서 얻을 것이 있다고 생각하면, 내담자의 행동 또한 상담자에게 고무적인 영향을 미칠 것이고, 상담자는 내담자가 목표를 달성할 수 있도록 더 열심히 노력하게 될 것이다.

다음은 필자가 어디에선가 이야기한 내용이다.

> (SST에) 참여한 내담자와 상담자가 모두 변화를 기대한다면, 그렇지 않을 때보다 변화가 일어날 가능성이 더 많다. 상담자는 내담자가 회기를 통해 변화할 수 있다고 기대하지만 내담자가 이를 믿지 않는다면, 그 상담의 '느낌'은 상담자가 상담자의 속도에 저항하는 내담자를 끌고 가는 것이 될 것이다. 내담자는 회기를 통해 원하는 것을 이룰 수 있다고 생각하지만 상담자가 그렇게 생각하지 않는다면, 그 상담의 '느낌'은 내담자가 상담자에게 가로막혀 좌절하는 것이 될 것이다.
>
> (Dryden, 2019a: 87)

필자는 이어 "상담자와 내담자 모두 내담자가 SST를 통해 이룰 수 있는 것에 대한 현실적인 기대를 갖고 있더라도 상담자가 변화를 강요하면 변화는 일어나지 않을 것"(Dryden, 2019a: 88)이라고 이야기했다. 따라서 기대가 SST의 성과에 영향을 주지만 이 책의 제2부에서 논의할, 속도 조절 및 함께 작업하기 같은 다른 치료적 요소 또한 중요하다.

SST는 상담과정에 내담자와 상담자가 가져오는 것의 융합이다

요약

이 장에서는 SST가 내담자와 상담자 요인들의 융합이라는 점을 논의하겠다. 상담자가 이미 존재하는 강점 등을 활용하도록 내담자를 돕는 것이 핵심적인 생각이지만, 상담자가 내담자의 힘을 약화시키는 것이 아니라 역량을 강화하는 방식으로 하면 내담자에게 새로운 것을 제공할 수 있다.

제5장에서 논의한 것처럼, SST는 특정한 접근방식이 아니라 마음가짐이다. 따라서 여러 가지 방식으로 SST를 실행할 수 있지만 그렇게 할 때는 SST 마음가짐에 따라야 한다. 이 장에서는 SST가 상담과정에 내담자가 가져오는 것과 상담자가 가져오는 것의 융합이라는 점을 논의할 것이다.

내담자의 역량

Hoyt 등(2018a: 14-15)은 '내담자의 역량'이라는 개념이 (필자가 여기에서 '건설적' 접근들이라고 부르는) 해결중심치료, 협동치료, 이야기치료 그리고 강점기반치료 같은 SST 접근의 주요 특징이라고 언급하였다. 이 접근들은 내담자가 상담 작업에 가져오는 것이 SST의 성과에 매우 중요한 기여 요인이라고 주장하는데, 그 요인들은 다음과 같다.

▍내적 강점

상담자의 SST 마음가짐은 모든 내담자가 그들이 간과하거나 알아채지 못하지만 잠재적으로 SST 과정에 가져올 수 있는 내적 강점이 있다고 본다.

▍가치관

사람들이 자신의 가치관, 즉 자신의 삶에서 중요한 것이 무엇인지에 대한 판단이 있으면, SST에서 성취할 수 있는 것에 엄청난 영향을 미친다.

▍문제를 해결하기 위해 했던 이전의 시도

내담자는 SST에 오기 전에 자신의 문제를 해결하려는 시도를 많이 해 봤을 것이다. 내담자의 역량을 강화하기 위해, 상담자는 과거

에 긍정적인 영향을 주었고 미래에 활용할 수 있는 시도들을 확인
하고 활용할 수 있도록 내담자를 도와야 한다.

▌ 다른 문제에 대처한 성공적인 시도

내담자가 상담을 받고자 할 때는 그들이 해결하지 못한 문제에
초점을 맞출 것이다. 그러나 내담자는 다른 문제를 해결했을 가능
성이 있으므로 그런 다른 영역에서 변화를 가져오기 위해 무엇을
했는지에 초점을 맞추고, 현재의 문제를 해결하는 데 그런 시도들
을 활용할 수 있도록 한다.

▌ 타인을 돕는 것

내담자는 그들이 도움을 받아야 하는 문제가 있음에도 불구하고
타인을 도운 경험이 있을 것이다. 내담자에게 그런 경험을 떠올려
보고 그 도움의 요인들을 자신의 현재 문제에 적용해 보도록 하는
것은 내담자의 역량을 강화하는 과정의 한 부분이다.

▌ 타인의 도움을 받는 것

내담자는 상담에서든 상담실 밖에서든 과거에 타인에게 도움을
받은 경험이 있을 것이다. 그 도움의 요소들을 확인하면, 내담자가
그 정보를 스스로에게 적용할 수도 있고 상담자가 비슷한 방식으
로 내담자를 도울 수도 있다.

▍역할모델

내담자는 그들이 존경하는 사람들에게서 영감을 받기도 한다. 내담자에게 그들이 도움을 구하는 문제와 관련되는 역할모델이 있는지 찾아보도록 하면 변화 과정을 가속화할 수 있다.

▍지침

필자의 어머니는 필자에게 "애야, 요구하지 않으면 얻을 수 없단다."라고 말씀하시곤 했다. 필자는 무엇인가 요구하는 것에 확신이 없을 때, 종종 행동의 전주곡처럼 이 '지침'을 마음속에 떠올린다. 내담자에게 관련된 지침을 찾아보도록 도우면 변화하는 데 상당한 추진력을 얻을 수 있다.

▍외부 자원

내담자의 내적 강점과 외부 자원을 구별해야 한다. 외부 자원에는 변화 과정 동안 내담자를 지원할 수 있는 사람과 도움, 정보, 지원을 제공할 수 있는 단체가 포함된다. "당신만이 그것을 할 수 있지만, 혼자 할 필요는 없다."라는 격언은 특히 여기에 적합하다(Lonergan, 2012). 상담자와 내담자의 만남이 매우 짧을 때, 내담자에게 이런 자원을 활용할 수 있다는 것을 알려 주어야 한다.

상담자의 기여

SST에 대한 상담자의 기여는 상담자가 상담 작업을 어떻게 보느
냐에 달려 있다. 제23장에서 논의하겠지만, SST에는 건설적, 적극
적-지시적, 다원적의 세 학파가 있다. SST에서 지배적인 학파는 건
설적 학파이므로, 이 절에서 그에 대해 설명하겠다. Hoyt 등(2018b)
은 SST에서 건설적 상담자의 주요 역할은, 앞 절에서 검토했던, 내
담자 요인들을 탐색하고 SST 과정에 적용하도록 돕는 것이라고 주
장하였다. 그들이 강조한 것처럼, SST에서 상담자의 역할은 "내담
자가 자신의 지식을 더 잘 활용하도록 돕기 위해 상담자의 전문지
식을 우선적으로 활용하는 것"(Hoyt et al., 2018b: 15)이다. 그들은
"변화는 주로 무언가가 잘못되었다는 의견을 가진 상담자에 의해
시작되고…… 상담자가 필요한 해결책이라고 판단한 것을 제공하
기 위해 진행하는" 접근과 건설적 접근과의 차이를 비교하였다.

필자는 이것을 '적극적-지시적' 접근이라고 부르는데, 제23장
에서 더 '건설적인' 방법으로[1] '적극적-지시적' 접근에 대해 자세
히 논의할 것이다. 필자가 다원적 학파라고 부르는 세 번째 학파는
SST에서 점차 늘어나고 있다. 이 학파는 내담자의 관점을 우선시
하며, 실행에 있어 양자택일식 접근보다는 양쪽 모두의 접근을 옹
호한다. 다원적 접근을 하는 상담자는 이론적 토대가 서로 다른 것

---

1) 재미있게 표현한 것임!

에 대해 크게 걱정하지 않고 건설적 접근과 적극적-지시적 접근의 강점을 활용한다.

▌전문지식 공유하기 대 전문가 역할 하기

필자는 SST를 상담과정에 내담자가 가져오는 것과 상담자가 가져오는 것의 융합이라고 생각한다. SST 상담자는 모든 내담자 변인을 탐색하고 내담자가 목표를 이루는 데 이를 활용하도록 격려하는 작업을 해야 한다. 상담자는 내담자에게 내담자가 미처 생각하지 못한 자신의 문제와 그 대처방법에 대한 설명을 듣고 싶은지 물어 봐야 한다. 더구나 이 지식이 상담자의 지향을 뒷받침하는 집단적 지혜에서 나오는 것이라면 더욱 그러해야 한다.

상담자는 내담자의 역량을 약화시키는 방식인 '전문가'라는 것을 내세우지 않고도 자신의 전문지식을 보여 주고 활용할 수 있다. 요약하면, SST에서 상담자는 전문지식을 공유하면서 내담자의 역량을 강화하는 것이 가능하다.

SST는 치료와 변화에 대한 상담자의 믿음에 도전한다

요약

필자는 단회상담에 대한 발표나 워크숍을 할 때마다 청중에게 필자가 하는 말이 상담과 심리적 변화에 대한 그들의 가치관에 도전할 수 있다고 미리 알린다. 그렇게 한 후 최대한 열린 마음으로 들어 달라고 요청한다. 이렇게 하는데도 불구하고, SST에 저항하는 상담자가 많다. 이 장에서는 SST가 도전하는 상담자들의 믿음 중 몇 가지를 검토하고 논의하고자 한다.

상담자는 내담자와 건전한 치료적 관계를 구축해야 하며, 이러한 관계를 발전시키려면 시간이 걸린다

여러 연구를 살펴보면, 치료적 관계의 질이 좋은 치료적 성과를 설명하는 필수 변인임이 분명하다(예: Lambert, 2013). 특정한 내담자와 건전한 작업동맹을 형성하는 데 시간이 걸리는 경우가 있으나 이는 보편적인 것은 아니며, 이 보편적으로 그렇지 않다는 개념이 많은 상담자의 믿음에 도전한다.

SST의 마음가짐에서는 상담자가 ① 내담자의 호소문제를 '진짜' 문제를 숨기기 위한 것으로 생각하지 않고 진심으로 다루며, ② 호소문제와 관련해 회기에서 다룰 현실적인 목표를 내담자와 함께 합의하고, ③ 신속하게 상담 작업에 착수하면서 내담자도 같은 작업을 수행하도록 이끌고, ④ 상담자가 진심으로 돕고자 한다는 것을 보여 줌으로써 내담자와 좋은 작업관계를 빠르게 형성할 수 있다고 본다. Simon, Imel, Ludman와 Steinfeld(2012)의 연구에 따르면, SST로 도움을 받은 내담자는 상담자와의 군건한 작업동맹을 보고한 반면, SST로 도움을 받지 못한 내담자는 상담자와의 약한 작업동맹을 보고한 것으로 나타났다. 이 연구는 내담자와 좋은 작업관계를 빠르게 형성하는 것이 충분히 가능하다는 것을 보여 주고 있다.

많을수록 더 좋다

상담자가 훈련을 받는 방법에서의 문제점은 그런 훈련이 종종 많은 내담자가 원하는 것보다 훨씬 더 오래 지속되는 심리치료에 집중된다는 것이다. 일반적으로 상담마다 표준 회기의 수는 국제적으로 '1회'다(Hoyt & Talmon, 2014a; Hoyt et al., 2018a). 그러나 훈련과정에서 학생들에게 SST를 제공하기 위한 훈련은 거의 하지 않는데, 필자는 이것이 학생들에게 암암리에 '회기가 많을수록 더 좋다.'고 가르치는 것이라고 생각한다. 그러나 연구는 많을수록 더 좋다는 생각을 지지하지 않는다. Lambert(2013)의 연구에서 내담자의 가장 큰 변화는 상담 후반보다 초기에 일어나며, 내담자가 경험하는 변화의 양은 회기 수가 증가함에 따라 감소하는 것으로 나타났다. 학생들이 훈련과정에서 장기상담과 마찬가지로 내담자에게 SST와 초단기 형태의 상담을 제공하도록 훈련받는다면, '많을수록 더 좋다.'는 생각이 지금처럼 널리 퍼지지는 않았을 것이다.

심리적 장애와 변화에 대한 주관적 평가는 결함이 있기 때문에 내담자의 객관적 관점으로 변화를 판단하는 것이 가장 좋다

심리치료를 과학적으로 연구할 때는 변화에 대한 주관적 평가뿐만 아니라 객관적 평가를 활용하는 것이 중요하다. 그러나 SST에서 얻은 것에 대한 내담자의 보고를 들을 때는 주관적 평가가 아닌 객관적 평가에 더 많이 치중하는 것으로 보인다. 내담자가 도움을 구할 때는 주관적 혼란 때문이지, 혼란의 객관적 평가점수 때문이 아니다. SST 내담자가 단일 회기에서 객관적으로 '임상적으로 유의미한 변화'를 보이지 않았다는 이유로, 그들이 단일 회기에서 도움을 받았고 그들이 받은 상담서비스에 만족해한다는 사실을 무시해서는 안 된다. 물론 사람이기 때문에 심리적 장애에 대한 주관적 평가에 결함이 있지만, 내담자가 하는 말에 귀를 기울이고 그들이 SST가 도움이 되었다고 말하면 이를 무시하지 말자. 어쨌든 우리는 내담자가 도움을 구하면서 주관적으로 혼란스럽다고 호소할 때 그것을 무시하지 않으니까 말이다.

심리적으로 의미 있는 변화는 천천히, 점진적으로 일어난다

앞에서 논의하였듯이, 전문가들은 종종 임상적으로 의미 있는 변화와 그렇지 않은 변화를 구분한다. 임상적으로 유의미한 변화는 누군가가 역기능적인 집단의 범위에서 벗어나거나 기능적인 집단의 범위 안으로 들어올 때 일어난다(Jacobson, Follette, & Revenstorf, 1984). 심지어 사람들이 SST에서 치료적 변화가 일어난다는 점을 인정할 때조차도, 전문가들은 그러한 변화는 임상적으로 의미 있는 것이 아니라고 하면서 무시한다. 임상적으로 의미 있는 변화는 천천히, 점진적으로 일어난다는 것이 그들의 주장이다. 그러나 Hayes, Laurenceau, Feldman, Strauss와 Cardaciotto(2007)는 임상적으로 의미 있는 변화가 점진적이고 순차적으로 일어나긴 하지만 보편적으로 그런 것은 아니며, 그런 변화가 매우 빠르게 일어날 수 있다는 것을 보여 주었다. SST에서 단기간에 의미 있는 변화가 일어날 가능성은 진정한 변화는 천천히, 점진적으로만 일어난다는 통념에 도전하는 것이다.

또한 앞에서 말했듯이, 무엇이 의미 있는 변화이고 무엇이 그렇지 않은 변화인지 누가 결정하는가? SST에서 내담자에게 일어난 변화가 단지 임상적으로 유의하거나 의미 있는 변화의 기준을 객관적으로 충족하지 못한다고 해서 그것이 내담자에게 주관적으로 의미가 없다는 뜻은 아니다.

SST는 복잡한 문제에 직면한 내담자에게 적합하지 않다

SST를 처음 접하는 상담자들이 하는 가장 공통적인 질문 중 하나는 SST의 적합성에 대한 것이다. "SST는 누구에게 적합하고 누구에게 적합하지 않는가?" 필자는 제10장에서 이 주제에 대해 논의할 것이다.

많은 SST 상담자는 복잡한 문제를 가진 사람들이 종종 이러한 복잡한 문제에 대한 간단한 해결책을 찾으며, SST 구조 안에서 해결책을 찾을 때 만족해한다고 말한다(Hoyt et al., 2018a). Hoyt와 Talmon(2014a: 503)은 "SST의 효과성은 '쉬운' 사례에만 국한되는 것이 아니라 알코올 치료, 물질남용 치료, 자해행동 치료를 포함한 많은 분야에 광범위한 영향을 미친다."는 것을 보여 주는 다수의 논문을 검토하였다.

제9장

SST에서 달성할 수 있는 것

요약

이 장에서는 SST를 통해 달성할 수 있는 것을 살펴보겠다. 필자는 거의 매번 시작할 때마다 한 회기로 획기적인 변화가 일어나지는 않는다고 강조한다. 그러나 단일 회기는 내담자가 난관에서 빠져나오도록 돕고, 내담자의 행동을 변화시키고, 그런 변화가 다른 사람에게 미치는 영향을 확인하며, 역경을 직면하여 다루고, 내담자에게 문제가 되는 상황과 변화가 일어날 것 같지 않은 상황을 벗어나도록 할 수 있다.

SST에서 달성할 수 없는 것

심리학에는 획기적인 변화라고 알려진 개념이 있는데, 이는 의미 있는 변화가 짧은 기간에 심리치료의 안팎에서 일어날 수 있다는 것이다. 획기적인 변화는 정서, 인지, 행동에 광범위하게 영향을 미치는 갑작스럽고 극적이면서 지속되는 변화를 말한다(Miller & C' de Baca, 2001). 획기적인 변화로 가장 잘 알려진 예는 Charles Dickens의 단편소설인 「크리스마스 캐럴」에 나오는 스크루지일 것이다. 크리스마스를 싫어하고 자신이 아는 모든 사람에게 심술궂게 굴고 오직 돈만 사랑하는 인색한 구두쇠 노인인 스크루지는 크리스마스 이브에 잠자리에 들었다. 그날 밤 그는 크리스마스 과거, 크리스마스 현재 그리고 크리스마스 미래라는 세 영의 방문을 받는다. 이 영들은 스크루지에게 아무도 그의 죽음을 애도하지 않고 무덤은 방치되어 점점 더 나쁘게 끝이 나는 것을 보여 주었다. 스크루지는 이 운명을 피하기 위해 변하겠다고 약속하고 그렇게 한다. 그는 잠에서 깨어나자 크리스마스 정신을 담아 친절함, 너그러움, 동정심을 가지고 모든 사람을 대하기 시작한다.

필자는 SST에서 달성할 수 없는 것을 보여 주기 위해 이 이야기를 했다. 실제로 내담자가 이런 종류의 변화를 회기 종료의 목표로 설정한다면, SST 상담자는 획기적인 변화를 희망사항으로 묵살하지 말고 내담자가 그런 변화를 향한 여정을 시작했음을 나타내는 신호로 받아들이도록 내담자를 격려해야 한다.

SST에서 달성할 수 있는 것

SST에서 달성할 수 없는 것을 살펴보았는데, 이제 달성할 수 있는 것은 무엇인지 살펴보자. 다음은 현실적으로 달성할 수 있는 것의 예다.

▌ 난관에서 벗어나기

사람들은 종종 자기 패배적인 패턴에 빠져 있을 때 상담을 받으러 온다. 사람들은 문제를 해결하기 위해 고착화된 시도를 하기 때문에 자기도 모르게 문제를 유지시킨다. 이는 마치 눈 속에 갇힌 차가 눈에서 빠져나오려고 바퀴를 회전시킬수록 더 꼼짝 못하게 되는 것과 같다. 내담자가 난관에서 벗어나도록 돕는 것이 SST에서 실행할 수 있는 목표다. 이는 여러 가지 방법으로 할 수 있다.

무언가 다르게 해 보기　내담자가 난관에서 벗어나도록 돕는 방법 중 하나는 내담자에게 무언가 다르게 하는 것을 고려하도록 하는 것이다. 이는 변화하려는 시도가 성공하지 못하면 문제가 그대로 유지되고, 그래서 성공하지 못한 변화 시도를 더 사용하게 되는 악순환의 고리를 끊는 데 도움이 될 수 있다. 때로는 내담자가 더 건강한 방향으로 한두 걸음 내딛을 때, 새로운 대응은 주변으로부터 더 호의적인 반응을 이끌어 내는 변화의 선순환을 위한 계기가 되는 것으로 충분하다.

SST에서 달성할 수 있는 것

▌타인에게 영향을 미치기 위해 행동 변화하기

사람들은 종종 그들이 대하기 어려운 누군가를 변화시키려는 숨겨진(가끔은 숨기지 않는) 목적을 가지고 상담을 받으러 온다. 내담자가 타인의 변화를 통제할 수는 없지만 영향을 미칠 수는 있다. 그러므로 타인의 변화를 일으키는 가장 좋은 방법은 먼저 내담자 자신이 달라지는 것임을 내담자와 논의해야 한다. 이는 태도의 변화를 의미하는데, 타인이 이를 알아차리도록 하는 유일한 방법은 내담자 행동에서의 변화를 보여 주는 것이다. 그래서 필자는 SST의 내담자에게 종종 "다른 사람과 더 좋은 관계를 맺고 싶다면, 그 사람이 알 수 있도록 당신의 행동을 바꾸고 그것을 보여 주세요."라고 이야기한다.

▌보다 건설적인 방법으로 역경에 대처하기

필자의 SST 토대는 합리적 정서행동치료다(Dryden, 2019b). 필자의 경험상 사람들은 반복되는 역경(예: 상실, 실패, 비난)에 대처하는 데 어려움을 겪을 때 상담을 받으러 온다. 예를 들면, 사람들은 그러한 역경을 회피와 긍정적인 재해석으로 대처하려고 애쓰는데, 그런 전략은 순간적인 안도감을 주지만 역경을 직면하고 앞으로 나아가는 데는 도움이 되지 않는다.

필자는 청중 앞에서 필자가 '아주 짧은 치료적 대화'라고 부르는 방식의 일회성 시연 회기를 많이 실행하고 있다(Dryden, 2018a 참조). 사람들의 정서는 그들이 겪고 있는 역경의 유형에 대한 단서를 제공한다(〈표 9-1〉 참조).

표 9-1 일반적인 역경 및 문제가 되는 정서

역경	문제가 되는 정서
• 위협	불안
• 상실 • 실패 • 부당한 곤경(자기 또는 타인)	우울
• 도덕규범 위반(위임 또는 태만) • 타인에게 상처 주기	죄책감
• 이상에 매우 미치지 못함 • 자기에 대한 타인의 부정적 평가	수치심
• 자기가 타인보다 관계에 더 많이 투자함	서운함
• 규칙 위반 • 자존감에 대한 위협 • 좌절 • 무례하게 대우받음	문제가 되는 분노
• 타인이 관계에 위협을 가함	문제가 되는 질투
• 타인은 스스로 자랑스러운 무언가를 갖고 있지만 나는 갖지 못함	문제가 되는 부러움

　필자는 SST 상담자가 내담자가 닥쳐올 역경을 회피하거나 비현실적인 해석을 하지 않고도 역경에 직면하고 대처하도록 도울 수 있다고 생각한다. 상담자가 그렇게 하는 방법은 상담자가 선호하는 치료적 지향과 문제와 관련된 역경 또는 일반적인 역경에 대처하는 내담자의 경험을 포함한 많은 요인에 달려 있다. 필자는 SST 내담자에게 관련 역경을 직면하고 다루도록 격려하면, 내담자가 역경과 역경이 그들에게 무슨 의미인지에 대해 보다 도움이 되는 색다른 관점으로 이 작업을 해낸다는 것을 알게 되었다.

골치 아픈 상황에서 벗어나기　　　내담자는 일련의 골치 아픈 상황을 바꾸거나 그런 상황을 받아들이려는 목적을 가지고 상담을 받으러 온다. 내담자가 이미 상황을 바꾸기 위해 그리고 받아들이기 위해 수많은 시도를 했다면, 그 상황에서 벗어나는 대안을 내담자와 상의해야 한다. 변화를 '몹시 싫어하는' 상사와 만족스럽지 않은 일을 하고 있는 Martha의 사례를 보자. 그녀는 어떻게 하면 상사를 변화된 현대 세계로 데려올 수 있을지, 어떻게 하면 자신이 곤경을 받아들일지에 대한 약간의 조언을 받고 싶어 했다. 필자는 그녀에게 죽은 말에 왜 채찍질을 하고 있느냐고 물었다. 관련 대화는 다음과 같다.

> **상담자**: 왜 그만두지 않아요?
>
> **내담자**: 그래도 될까요?
>
> **상담자**: 계약서에 뭐라고 적혀 있는데요?
>
> **내담자**: 한 달 전에 통고해야 한다고요.
>
> **상담자**: 스스로의 질문에 답을 하셨네요.
>
> **내담자**: 그러면 회사에 무슨 일이 일어날까요?
>
> **상담자**: 당신이 그만두자마자 회사는 사업을 정리하겠지요.
>
> **내담자**: 재밌네요. 선생님께서 무슨 말씀을 하시는지 알겠어요.
>
> **상담자**: 저는 특별히 말씀드린 게 없는데요.
>
> **내담자**: 선생님께서 제가 회사를 지탱하고 있다고 말씀하신 것 같아요.
>
> **상담자**: 아뇨, 아니에요.

내담자: 어리석었어요. 전 그럴 필요가 없어요. 통고해야겠어
요. 감사합니다.

상담자: 저는 아무것도 안 했는데요.

　필자는 5주 후 Martha로부터 그만둘 수 있도록 용기를 주어 감사
하다는 이메일을 받았다.

제10장

'내담자 기준'에 대한 질문

요약

이 장에서는 내담자의 적합과 부적합에 관해 자주 제기되는 질문을 논의하고자 한다. 이 질문에 대해 몇 가지 내담자 자료를 포함해 다양한 견해를 제시하겠지만, 우리는 이 질문에 대해 내담자의 관점에서 더 많이 알아야 한다.

필자가 SST에 대한 발표와 훈련과정을 소개할 때 가장 많이 받는 질문은 SST가 어떤 내담자에게 유용하고 어떤 내담자에게 유용하지 않은지에 관한 것이다. 이런 질문은 타당하긴 하지만, 마치 상담자의 의견만 중요하다는 듯이 상담자의 관점에서 한 질문이다. 그러나 SST의 지침 중 하나는 내담자 관점이 우선되어야 한다는 것이다. 참고문헌에 따르면 내담자는 한 번의 상담 회기에 오는 기회를 소중히 여기며, 그들이 원하는 것을 얻으면 다시 오지 않는다고 한다(Hoyt & Talmon, 2014a). 그것으로 문제를 끝낼 수도 있지만, '내담자 기준' 질문을 다룰 때는 상담자 관점과 내담자 관점을 모두 고려해야 한다.

'내담자 기준' 질문에 대한 상담자의 관점

'내담자 기준' 질문에 대한 상담자의 관점을 고려할 때, 두 가지 관점이 있다. 첫 번째 관점은 SST가 필요한 내담자와 필요하지 않은 내담자에 대한 기준이 있다는 것이고, 두 번째 관점은 그러한 기준이 없다는 것이다. 두 번째 관점은 walk-in 서비스에서 일하는 SST 상담자들이 표현할 가능성이 많다.

▌내담자 기준이 있다

상담자가 SST에 기준 기반 접근을 채택하는 경우, 적합과 부적합에 대해 많은 사항을 설명하는 경향이 있다. 이런 적합과 부적합 접근의 예는 〈표 10-1〉과 〈표 10-2〉에 제시하였다.

▌내담자 기준이 없다: SST는 모두에게 열려 있다

SST에 기준 기반 접근을 채택하는 것에 반대하는 SST 상담자 집단이 둘 있는데, 하나는 'SST가 포함되어 있다'는 집단이고, 다른 하나는 'walk-in' 상담을 하는 집단이다.

| 표 10-1 | 적합 기준 |

문제유형	• 일상적인 정서 문제가 있는 사람 • 가정과 직장에서 관계 문제가 있는 사람 • 꾸물거리고 여러 가지 자기조절이 부족한 사람 • '곤경'에 빠져 있고 곤경에서 '벗어나' 나아가기 위해 약간의 도움이 필요한 사람 • '임상적' 문제가 있지만, '비임상적 문제'를 해결할 준비가 되어 있는 사람(예: 성격장애가 있지만 면접불안에 대한 도움을 받고 싶은 사람) • 메타 정서 문제가 있는 사람(예: 불안해하는 것을 부끄러워 함) • 신속하고 집중적인 위기관리가 필요한 사람 • '인생의 딜레마'에 처한 사람 • 중요한 결정을 내려야 하는 사람 • 어떤 식으로든 삶에 적응하는 것을 어려워하는 사람
내담자의 준비도	• 현재 상담을 받을 준비가 되어 있고, 그 문제는 '비임상적인' 문제이며, 단일 회기 접근을 잘 받아들이는 사람. 이 문제를 해결하지 않으면 '임상적 문제'가 될 것임 • 현재 상담을 받을 준비가 되어 있고, 그 문제가 '임상적' 문제이지만, 단일 회기 접근을 잘 받아들이는 사람. 여기에 해당하는 예는 단순공포증에 대한 단회상담(Davis III et al., 2012) 또는 공황장애에 대한 단회상담(Reinecke et al., 2013)이 있음
상담과 관련된 문제	• 상담에 개방적이지만 상담을 받기 전에 먼저 시도해 보고 싶은 사람 • 상담으로 자신의 문제를 대처하는 방법에 대한 조언을 구하는 사람 • 마지못해 단일 회기만 할 준비가 되어 있는 사람 • '도시'에 머무는 짧은 기간 동안 약간의 도움을 필요로 하는 사람 • 청중 앞에서 하는 시연 회기에 자원하는 사람(예: Dryden, 2018a) • 녹화되는 시연 회기에 자원하는 사람(예: 영화 〈글로리아〉의 Gloria)

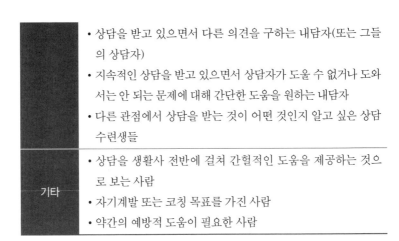

	• 상담을 받고 있으면서 다른 의견을 구하는 내담자(또는 그들의 상담자) • 지속적인 상담을 받고 있으면서 상담자가 도울 수 없거나 도와서는 안 되는 문제에 대해 간단한 도움을 원하는 내담자 • 다른 관점에서 상담을 받는 것이 어떤 것인지 알고 싶은 상담 수련생들
기타	• 상담을 생활사 전반에 걸쳐 간헐적인 도움을 제공하는 것으로 보는 사람 • 자기계발 또는 코칭 목표를 가진 사람 • 약간의 예방적 도움이 필요한 사람

표 10-2 부적합 기준

• 지속적인 상담을 요청하는 내담자. 내담자가 지속적인 상담을 원한다면, SST를 통해 도움을 받을 수 있을지라도 SST를 꺼려한다.

• 지속적인 상담을 필요로 하는 내담자. 여러 복잡한 문제가 있는 내담자는 SST가 제공하는 것보다 훨씬 더 많은 상담이 필요할 것이다.

• 애매한 불만이 많고 구체적이지 못한 내담자. SST는 특정한 문제를 확인하고 집중할 수 있는 내담자에게 가장 많은 것을 제공하며, 이렇게 하는 것을 어려워하는 내담자에게는 적합하지 않다.

• 치료적 관계를 빠르게 발전시키는 것을 힘들어하는 내담자. SST는 상담자와 내담자가 빠르게 관계를 발전시킬 것을 요구한다. 내담자가 이것을 매우 힘들어하면 SST는 적합하지 않다.

• 상담자에게 버림받았다고 느낄 가능성이 있는 내담자. SST는 내담자에게 상담자와의 관계를 빨리 형성할 것을 요구할 뿐만 아니라 똑같이 그 관계에서 빠르게 벗어날 것을 요구한다. 이것이 어려운 내담자에게는 SST가 적합하지 않다.

SST가 포함되어 있다는 집단 SST가 포함되어 있다는 집단의 예는 Young의 접근(2018: 48-49)으로, 누가 SST에 적합하고 누가 적합하지 않는지에 대한 질문에 다음과 같이 답했다.

> 이 질문에 대한 가장 좋은 답은 내담자가 원하면 다시 상담을 받을 수 있도록 서비스 시스템 안에 SST를 포함시켜서 답변할 필요가 없도록 하는 것이다. 서비스 시스템 안에 SST를 포함시켜 마치 마지막인 것처럼 행해지는 최초의 회기 이후에 활용할 수 있도록 하면 상담자와 상담기관은 '단 한 번'의 회기에 누가 적합하고 누가 적합하지 않은지에 대해 '불가능하진 않지만 어려운' 결정을 피할 수 있다. 많은 상담자와 일부 관리자는 복잡한 문제에 직면한 내담자가 '강렬한' 변화를 하려면 장기 상담을 해야 한다고 확고하게 생각한다. SST 문헌은 이러한 생각에 도전하는 자료를 계속 쌓아 가고 있다.

walk-in 상담 집단 SST에 기준 기반 접근을 옹호하지 않는 두 번째 집단은 walk-in 상담서비스를 하는 SST 상담자 집단이다. 본질적으로 walk-in 상담은 이를 필요로 하는 누구에게나 상담을 제공하고 서비스를 이용하도록 한다. 이 상담자들은 집중적인 위험평가만을 수행하며, 내담자가 위험에 처해 있더라도 여전히 단일 회기, walk-in 체계 안에서의 도움을 제공한다. 이 상담자들은 누가 SST로 도움을 받을 수 있는지 없는지를 예측하는 것이 거의 불가능하다는 Young의 의견에 동의한다.

'내담자 기준' 질문에 대한 내담자의 관점

필자는 『아주 짧은 치료적 대화』(Dryden, 2018a)라는 책에 30분의 짧은 대화에 지원했던 245명이 그 대화 동안에 제기했던 문제(〈표 10-3〉 참조)에 대해 썼다. 〈표 10-3〉에서 볼 수 있듯이, 42명은 '기타 정서 문제'를 호소한 것으로 분류되었다. 〈표 10-4〉는 '기타 정서 문제'를 더 자세히 조사한 것이다.

이것은 일단의 내담자가 이런 문제를 SST 장면에서 다루기에 적절하다고 생각한다는 것을 보여 준다. 우리는 '내담자 기준' 질문에 대한 내담자의 관점을 더 잘 이해하기 위해서 내담자가 한 회기 동안 진행되는 상담에서 다룰 수 있다고 생각하는 문제에 어떤 것이 있는지 더 많이 알아야 한다.

표 10-3 『아주 짧은 치료적 대화(VBTCs)』에서 제기된 주제의 종류

주제의 종류	계
불안과 공포증	49
꾸물거림 문제	39
분노 문제	27
자존감 문제	27
불확실성 문제	25
관계 문제	22
통제력 부족 문제	14
기타 정서 문제	42
합계	245

출처: Dryden (2018a).

표 10-4 기타 정서 문제에서 지원자가 제기한 주제	
죄책감	13
서운함	11
수치심	7
질투심	3
책임에 관한 문제	3
부러움	2
강박증	2
부정적인 감정의 회피	1
기타 정서 문제: 합계	42

출처: Dryden (2018a).

무엇이 유능한 SST 상담자를 만드는가

요약

내담자가 모두 SST로 도움을 받는 것이 아니듯 상담자도 모두 단회상담에
적합한 것은 아니다. 이 장에서는 유능한 SST 상담자가 되기 위해 상담자가
갖춰야 할 몇 가지 자질을 논의하겠다. 상담자가 이러한 자질을 더 많이
갖추고 보여 줄수록 SST 서비스를 더 잘 제공하게 될 것이다.

SST에 대한 열정을 가지고 있으며
이를 보여 주기

SST는 상담자에게 좋은 기술을 많이 개발하고 실행하도록 요구
하지만, 기본적으로 상담자가 단회상담에 대한 열정이 있어야 한

다. 상담자는 내담자와 함께 작업해 내담자가 곤경에서 벗어나 자신의 삶을 살아가도록 도울 수 있다는 믿음이 있어야 한다. 또한 상담자는 이러한 상담 작업과 그에 따르는 도전을 즐길 수 있어야 한다. 필자는 개인적으로 SST가 활기찬 작업방식이며, 필자에게 창의적으로 일하는 기회를 제공한다고 생각한다. 하지만 무엇보다도 SST 상담자는 상담 작업의 다른 방식 또한 있다는 점을 염두에 두고 내담자에게 자신의 열정을 전달해야 한다.

SST의 기초 다지기

때로 내담자가 SST를 찾는 이유는 한 회기만 필요하다고 생각하기 때문이다. 예약을 하거나 walk-in으로 SST를 찾는 경우가 여기에 해당될 것이다. 또한 내담자는 상담 기간에 대해 많이 생각하지 않는다. 그들은 SST에 대해 들어 본 적이 없기 때문에 SST가 자신에게 유용할 것이라고 생각할 이유도 없다. 어떤 상황이 되었든 상담자는 SST가 제공할 수 있는 것과 SST가 유용하다고 생각하는 이유에 대해 내담자와 상의해야 한다. 물론 여기에는 필요한 경우 추가 회기가 가능하다는 단서가 붙는다. 상담자가 SST의 기초를 잘 다지면, 상담을 시작하고 그 자리에서 내담자의 문제를 해결할 수 있다.

과정 전반에 걸쳐 자신을 명확하게 표현하기

SST에서는 시간이 매우 중요하므로 상담자와 내담자가 명확하게 소통해야 시간을 최대한 활용할 수 있다. 복잡하지 않고 단순하게 하되 내담자를 가르치려고 하지 말아야 한다. 그렇게 하는 것에 너무 얽매이지 않으면서, 상담자는 내담자에게 내담자가 파악하기를 바라는 실질적인 요점을 내담자 자신의 말로 표현하도록 요청해야 한다.

내담자와 상담자가 사용하는 주요 용어가 있을 수 있는데, 그 용어의 의미를 공유하는 것이 중요하다. 특히 이러한 용어들이 쉽게 오해를 불러일으키는 것이라면, 상담자는 용어를 사용할 때 의미하는 바를 처음부터 명확히 해야 한다. '수용'이 그러한 용어 중 하나다. 필자는 내담자가 그 용어를 사용하거나 필자가 이를 사용하고 싶으면, 그 용어가 의미하는 바를 처음부터 명확하게 하는 것이 시간을 절약한다는 것을 알게 되었다.

합의된 치료적 초점을 만들고 유지하기

대부분의 SST 상담자는 내담자가 그들의 삶에 중대한 변화를 가져올 한 가지 문제를 해결한다면 상담을 잘했다고 생각할 것이다. 그러려면 상담자는 내담자가 합의된 치료적 초점을 만들고 유지하도록 도와야 한다. 그 초점에는 내담자의 관심사와 현실적인 목표가 포함되어야 한다.

유능한 SST 상담자는 그렇게 하기 위해 내담자와 함께 그들이 올바른 방향으로 가고 있는지 점검하고 내담자가 합의된 초점에서 벗어나기 시작하면 이를 요령껏 막아도 되는지 확인한다. 이에 대한 자세한 내용은 제22장을 참조하라.

SST 과정 동안
내담자의 적극적인 참여 유지하기

탁월한 SST 상담자는 상담과정에 내담자가 적극적으로 참여하게끔 돕고, 상담자 자신도 적극적으로 참여한다. 이때 SST 상담자는 두 가지 실수를 저지르기 쉽다. 첫 번째 실수는 상담자가 충분히 참여하지 못하는 것과 관련이 있는데, 그 결과 내담자는 집중하지 못하고 이 문제에서 저 문제로 헤매게 된다. 두 번째 실수는 상담자가 상담과정에 지나치게 개입하는 것과 관련이 있으며, 그 결과 내담자는 회기에서 상대적으로 수동적인 입장을 취하게 된다. 중도를 따라야 상담자와 내담자가 모두 상담에 적극적으로 참여하게 된다.

회기에서 적절한 속도 유지하기

SST에서 SST 상담자의 기여는 필수지만, 다수의 사람은 내담자의 기여가 핵심이라고 말한다. 좋은 결과는 상담자와 내담자가 함께 작업하는 것에 달려 있지만, 좋은 결과를 낼 수 있는 속도가 있다. 이런 점에서 상담자는 내담자가 승리해야 하는 경주에서 같이 뛰는, 기량이 뛰어난 페이스메이커라고 할 수 있다. 페이스메이커는 내담자가 막판에 지치지 않도록 너무 빠르지 않게, 그러나 다른 주자들이 우승하지는 못하도록 너무 느리지 않게 달려야 한다. 또한 페이스메이커는 경주에서 우승하면 안 된다. 대신 내담자가 상담자를 지나쳐 결승점을 통과해서 우승하도록 결승점 앞까지 내담자와 함께 와야 한다.

회기가 너무 빨리 진행되면 내담자가 문제를 충분히 다루지 못해 혼란에 빠질 수 있고, 너무 느리게 진행되면 의미 있는 것을 성취하기 전에 시간이 다 가 버릴 것이다. 적절한 속도는 내담자가 문제를 다룰 수 있도록 촉진하고 의미 있는 결론에 도달할 가능성을 높인다. 유능한 SST 상담자는 이 두 가지 면에서 내담자를 돕는 기술과 시간 감각을 가지고 있다.

내담자의 강점을 찾아 잘 활용하기[1]

SST 학계에 속한 많은 상담자가 생각하는 좋은 성과를 내는 주요 요소 중 하나는 상담자가 내담자의 강점을 확인하여 의미 있는 방식으로 재연결하도록 돕고, 내담자가 이런 강점을 문제에 대해 합의한 해결책을 구상하고 실행하는 데 사용하도록 하는 것이다. '잘 못된 것'에만 초점을 맞추면 이를 달성할 수 없다. 유능한 SST 상담자는 내담자가 하는 이야기에서 그들의 강점을 찾고 SST 과정의 중요한 순간에 사용하도록 이끈다.

내담자의 문제에 대한 해결책 함께 만들기

내담자가 문제가 있어서 상담을 받으러 올 때, 유능한 SST 상담자는 내담자가 목표를 설정하고 그 목표를 향해 나아갈 수 있는 해결책을 찾도록 돕는다. 이런 점에서 '해결책'은 내담자가 이전의 문제를 문제가 되지 않는 것으로 만들고, 그들이 설정한 목표에 더 다가가기 위해 행하는 모든 것을 의미한다.

유능한 SST 상담자는 내담자와 협력해 내담자가 회기 중에 연습하고 회기 이후에도 실행할 수 있는 해결책을 함께 만든다. 가족상

---

[1] 여기에서 말하는 강점은 제7장에서 논의했던 모든 내담자 변인을 의미한다.

담을 전문으로 하는 SST 서비스는 종종 관찰하는 상담자 팀과 참여하는 상담자 팀을 활용한다(Hoyt & Talmon, 2014b와 Hoyt et al., 2018b에서 해당 장 참조). 회기가 끝날 무렵 적절한 순간에 참여하는 상담자(들)는 잠시 휴식을 취하며, 관찰 팀과 구체적인 해결책에 대해 논의하고 자문을 받아서 한 가지 이상의 해결책을 가지고 상담실로 돌아가 가족과 함께 다루게 된다. 때때로 혼자 상담하는 SST 상담자도 스스로 생각할 시간을 갖기 위해 이렇게 한다. 그러나 상담실로 들고 가는 '해결책'이 무엇이든 SST에서의 좋은 상담은 내담자가 함께 만들지 않았어도 그들의 삶으로 나아가게 하는 모든 해결책에 적극적으로 참여하는 상담이다. 유능한 상담자는 가능하면 언제든지 내담자가 적극적으로 참여하도록 만든다(제26장 참조).

희망으로 종결하기

필자는 이 장의 앞부분에서 단일 회기를 잘 시작하는 것이 유능한 SST 상담자의 특징이라고 했다. 회기를 적절하게 끝내는 것도 마찬가지다. SST에서의 좋은 종결은 느슨하게 끝내지 않고, (가급적이면) 내담자, 상담자 또는 둘 다에 의해 회기에서 행한 작업을 적절히 요약하고, 내담자가 가야 할 방향과 필요하면 추가적인 도움을 받을 수 있다는 점을 확실히 아는 것이다. 이 모든 것을 하면서 회기에서 이룬 것들이 삶에 진정한 변화를 가져올 것이라는 희망을 내담자에게 심어 주는 상담자가 유능한 SST 상담자다(제28장 참조).

제12장

좋든 나쁘든 환경이 중요하다

요약

이 장에서는 SST에서의 환경의 중요성을 논의하고자 한다. 앞서 가용 관점보다는 필요 관점의 도움을 제공하는 환경에서 SST가 가장 잘 실행된다고 하였다. 이제 SST 상담서비스 개발에 도움이 되는 다른 조직적 요인들을 살펴보도록 하자.

앞 장에서 유능한 SST 상담자의 몇 가지 자질에 대해 논의하였다. 그러나 SST 상담자가 아무리 재능이 있더라도 효과적인 SST를 실행하는 데 도움이 되지 않는 환경에서 작업한다면 그런 재능은 낭비될 것이다. 반면, 상담자가 작업하는 환경이 SST를 실행하는 데 도움이 된다면, 이런 환경에서 상담자는 내담자가 회기를 최대한 활용하도록 할 수 있다.

도움이 되는 방향

제4장에서 SST는 가용 관점이 아니라 필요 관점에서 내담자에게 도움을 제공하는 상담서비스 안에 포함되어 있을 때 가장 잘 실행된다고 하였다. 이에 대한 자세한 설명은 제4장을 참조하기 바란다. 필요 관점에서 도움을 제공하는 상담기관(walk-in 클리닉 등)에서는 SST가 잘 운영되고, 가용 관점에서만 도움을 제공하는 상담기관에서는 SST 운영에 어려움을 겪는다. 따라서 상담기관이 SST를 받고자 하는 내담자를 긴 대기자 명단[1]에 올리는 SST 서비스를 준비하는 것은 좋은 생각이 아니다. 상담서비스 기관이 SST를 제공할 생각이라면, 핵심 관계자는 필요 관점에서 내담자에게 도움을 주기 위해 상담기관에서 바꾸어야 할 것이 무엇인지 살펴봐야 한다.

Young(2018)은 호주 빅토리아에 있는 커뮤니티 상담센터에서 3년 동안 내담자의 42%는 한 회기에, 18%는 두 회기에, 10%는 세 회기에 참여했다는 사실을 자세히 설명한 연구를 발표했다. 회기의 수가 많아질수록 회기에 참여하는 내담자의 수는 적어졌다. 이는 상담기관이 내담자가 오직 한 번만 참여하는 서비스를 준비하면서 다른 상담서비스 또한 제공해야 함을 시사한다. Young(2018)은 단 한 번만 참여한 42%의 내담자와 한 번 이상 참여한 58%의 내

---

1) 내담자가 상담실을 방문하기 전에 SST를 찾아보는 상황과 내담자가 한번 방문해 보기로 결심한 상황은 다르다.

담자 모두에게 훌륭한 상담서비스가 제공되기를 바란다고 했다.

포함되어 있는 SST

SST만 제공하는 상담기관(예: 이런 종류의 도움 제공 외에 다른 것은
하지 않는 walk-in 서비스)이 아니라면, SST는 상담기관의 다른 서비
스와 통합되어야 한다. 그래야 SST 서비스가 기관이 제공하는 전
체 상담서비스의 필수 부분으로 여겨질 것이다. 이런 경우 SST 서
비스는 다른 상담서비스로부터 의뢰를 받게 되고 시간이 지남에
따라 상담기관이 제공하는 전체 서비스에 포함된다. 이를 촉진하
기 위해 관심이 있는 상담자들은 모두 SST를 도와야 하고, SST 상
담자들도 다른 상담서비스에 도움을 주어야 한다.

SST를 상담기관이 제공하는 상담서비스에 포함시키는 또 다른
모형은 모든 사람을 SST의 잠재적 이용자로 간주하고 이에 대한 결
정은 회기 후에 내리며, 내담자가 첫 번째 (아마도 유일한) 회기에
서 깨달은 내용을 소화하고 실행하는 시간을 갖도록 하는 것이다.
추가 회기가 필요하면 전화로 요청하면 된다(Young, 2018 참조).
Young이 지적한 것처럼, 전화 한 통이면 추가적인 도움을 받을 수
있다는 사실을 아는 것은 내담자에게 '붙잡고' 의지할 수 있는 자원
이 된다.

서비스 관리

Young(2018)은 SST의 철학과 서비스가 상담기관에 도입되어 기존 서비스와 나란히 제공되는 것과 이런 환경에서 SST가 잘 운용되는 것은 다른 문제라고 지적했다. Young(2018: 41)은 다음과 같이 말했다.

> ······ 만약 상담기관이 SST를 평가, 연구, 성찰적 슈퍼비전 실행과 같은 지속적인 활동으로 유지하지 않고 정책, 핵심 실행, 핵심 절차에 포함시키지 않는다면, SST 관련 상담서비스는 5년 이상 지속되기 어려울 것이다. ······ 이런 일은 특히 SST 접근에 대한 핵심 지지자들이 상담기관을 떠날 때 일어날 가능성이 높다.

다시 말해, SST 상담자가 일하는 상담기관은 상담자가 SST를 고무하는 환경에서 열정을 가지고 계속 창의적으로 상담할 수 있도록 상담자의 복지를 전문적으로 관리할 필요가 있다.

제13장

작업동맹의 중요성

요약

이 장에서는 보완된 네 가지 작업동맹 구성요소 구조를 이용하여 SST 과정을 설명하려고 한다. 내담자와 상담자가 강력하고 협력적인 유대감을 갖고, 이 과정의 여러 측면에 대해 비슷한 관점을 공유하면서 현실적인 내담자 목표를 합의하고, 목표 달성을 촉진할 해결책을 찾기 위해 함께 노력하면 상담을 통해 좋은 결과가 나올 것이다.

필자는 심리치료에서 가장 유용한 생각 중 하나가 Bordin(1979) 의 작업동맹 개념이라고 생각한다. Bordin(1979)에 따르면 작업동 맹은 유대와 목표, 과제라는 세 요소로 구성되어 있다. 필자는 나중 에 네 번째 구성요소로 관점(Dryden, 2006, 2011)을 추가했다. 최근 보완된 작업동맹 구조를 이용하여 상담자가 내담자에게는 처음이

자 아마도 유일한 회기를 최대한 활용할 수 있도록 돕는 방법을 제
시하고자 한다.

유대감

유대감은 상담자와 내담자 간의 상호연계성을 의미한다. 이런
상호연계성을 이해하는 방법은 여러 가지다. 필자는 두 가지 방법,
즉 SST에서 '핵심 조건'의 역할과 협력관계를 발전시키는 것의 중
요성에 대해 논의할 것이다.

▌핵심 조건

Rogers(1957)는 학술 논문에서 내담자가 상담으로 도움을 받으
려 할 때 상담자에게서 경험해야 하는 몇 가지 조건을 설명하였다.
몇 해에 걸쳐 수정되면서 널리 알려진 이 '핵심 조건'은 공감, 존중,
진솔성이다.

▌공감

SST에서는 시간이 절대적으로 중요하다. 이 점을 고려해 SST 상
담자는 내담자가 스스로를 표현할 수 있는 공간을 만들어야 하고,
공간이 마련되면 내담자의 삶에 변화를 가져올 한 가지 주제로 제
한할 필요가 있다. 이 공간에서 내담자는 문제가 되는 주제로 겪는
어려움을 상담자에게 이해받는 경험을 하는 것이 중요하다. 필자

는 상담자가 내담자의 어려움을 이해하는 것에 더해 상황이 달라질 수 있다는 희망을 전달하는 것을 '반전이 있는 공감'이라고 부른다.

▌존중

상담자가 SST에서 내담자를 존중하는 모습을 보이는 것은 내담자가 강점과 약점을 가진 실수하기 쉬운 인간이며 강점을 활용해 자신의 문제를 해결할 수 있다는 것을 알려 주는 것이다. 또한 SST 상담자는 변화 과정에 내담자의 선택, 자기결정 그리고 역량강화 핵심 단계를 둠으로써 내담자를 존중한다.

보다 실제적인 수준에서는 SST 상담자가 내담자를 순조롭게 돕기 위해 때로 내담자를 중단시킬 필요가 있다. 많은 상담자가 내담자의 흐름을 방해해서는 안 된다는 사전 교육을 받기 때문에 내담자를 중단시키는 것을 곤란해한다. 내담자를 존중하는 모습을 보이면서 중단시키는 한 가지 방법은 내담자에게 그들을 중단시키는 것과 그렇게 할 수 있는 허락을 구하는 이유를 알려 주는 것이다.

▌진솔성

내담자에게 솔직하고 진솔하게 반응하는 것은 SST에서 내담자와 진정한 관계를 맺고 싶은 상담자의 바람을 나타낸다. 이것은 Young의 '허튼소리 금지 요법(No Bullshit Therapy: NBT)'(Findlay, 2007 참조)에 잘 나타나 있다. Young(2018: 55)은 자신의 방법에 대해 이렇게 설명했다.

　　NBT는 상담자(와 내담자)가 솔직하고 직접적일 수 있는 환경, 상담
자가 편안하고 안전한 장소에서 따뜻함과 배려가 있는 솔직함과 단순
명쾌함으로 도전할 수 있는 환경, 전문용어를 피함으로써 투명성을 높
이고 명료하지 않은 것을 줄이는 환경을 만들어야 실행된다. …… 법령에
따라 상담을 받아야 하는 내담자와 SST 철학을 유지하면서 투명성을
높이려면, 내담자가 여러분에게 협조해 줄 것이라 가정하지 말고 여러분
이 선호하는 상담 방법을 설명하고(예: "저는 꽤 솔직하고 직접적인 것
을 좋아합니다. 당신은 어떤가요?") 내담자의 반응을 살펴야 한다.

협력

　　법령에 따라 상담을 받아야 하는 내담자는 SST에 협력하지 않겠
지만, 대부분의 내담자는 상담을 받기로 선택했으므로 상담자와
협력할 것이다. 협력적인 유대에는 다음의 특징이 포함된다.

- 내담자 중심으로 진행하되 방향에 대한 모든 문제는 상담자와
  공유하기
- 문제 및 목표에 대한 분명한 합의
- 치료적 초점에 대한 공동 합의
- 해결책을 찾기 위해 함께 작업하기
- SST는 상담과정에 내담자가 가져오는 것과 상담자가 가져오
  는 것의 융합이다(제7장 참조)

- 필요한 경우, 추가적인 도움과 내담자가 활용하도록 동의한 방법에 대한 분명한 합의
- 추수 작업−추수 작업을 할 것인지, 한다면 언제 할 것인지에 대한 합의

관점

작업동맹에서 '관점'이라는 구성요소는 SST 과정의 핵심 개념에 대해 상담자와 내담자가 가지고 있는 생각에 관한 것이다. 이런 생각에서 중요한 점은 상담자와 내담자가 처음에는 서로 다른 생각을 가지고 있더라도 결국 각자의 관점에 동의한다는 것이다.

내담자와 상담자가 그렇게 동의할 필요가 있는 세 가지 주요 영역은 다음과 같다.

▌서비스에 대한 관점

필자는 내담자와 상담자가 처한 특정한 상황에서 SST가 그들에게 어떤 의미인지 동의하는 것이 중요하다고 생각한다. SST는 단 한 번의 회기만을 의미하는가, 아니면 내담자가 원하면 추가 회기를 할 수 있는가? 내담자가 추가 회기를 요청해 추가적인 도움을 제공한다면, 내담자는 이런 회기를 (OAAT 상담에서처럼) 한 번에 한 회씩 예약해야 하는가, 아니면 회기를 연이어서 예약할 수 있는가?

▌문제 및 문제의 원인에 대한 관점

SST 상담자가 해결책이 아닌 문제를 다루는 작업을 한다면, 내담자의 문제와 그 원인에 대해 내담자와 합의된 이해를 하는 것이 중요하다. 이것은 상담자가 내담자의 문제에 대한 전문적인 견해를 공유하는지 또는 상담자가 동일한 문제에 대한 내담자의 관점을 이끌어 내는지 여부에 달려 있다. 상담자와 내담자가 문제에 대해 합의된 관점을 공유하지 않으면, 그들은 결국 서로 목적이 어긋난 채 작업하게 된다.

▌문제 해결에 대한 관점

또한 내담자와 상담자가 문제를 가장 잘 해결할 수 있는 방법에 대해 공동으로 이해하는 것이 중요하다. 그렇지 않으면 그들은 또다시 서로의 목적이 어긋난 채 작업하게 될 것이고, 회기를 온전히 활용하지 못하게 될 것이다. 해결책을 논의할 때는 상담자와 내담자가 해결책을 합의하고 그 해결책에 내담자가 목표를 달성하도록 돕는 잠재력이 있음을 아는 것이 중요하다.

가족중심 SST에서는 종종 보조 관찰 팀이 회기를 관찰하는데, 이 팀의 주요 목적은 가족이 그들의 목표를 달성하는 데 도움이 되는 실행 가능한 해결책을 찾고, 관찰 팀과 회의를 하기 위해 잠시 회기를 중단한 상담자에게 해결책을 제안하는 데 있다. 그러한 해결책이 '작동'하려면, 먼저 내담자와 상담자, 관찰 팀 모두가 해결책에 문제를 해결할 가능성이 있다는 것에 동의해야 한다.

목표

모든 상담은 목적이 분명한데, SST의 경우는 특히 그렇다. 목표와 관련해 SST에서 특별한 점은 내담자에게 상담이 종결될 때의 목표보다 회기가 종료될 때의 목표(예: "회기가 끝날 때 당신이 이뤘으면 좋겠다고 생각하는 것은 무엇인가요?")를 구체화하도록 요구한다는 점이다. SST에서는 일반적인 목표보다 구체적인 목표를 합의하는 것이 좋다. 구체적인 목표를 합의하는 것에 동의했다면, 내담자와 상담자 모두 목표의 달성 여부를 확인할 수 있는 방법에 대해서 명확히 해야 한다. 그러나 상담자는 SST에서 대부분의 경우 추가 회기를 하기 전에는 내담자가 목표를 달성했는지 여부를 알 수 없다는 점을 알고 있어야 한다.

작업동맹의 관점에서 목표와 관련해 중요한 점은 내담자와 상담자가 내담자의 목표에 동의하고 목표를 달성하기 위해 함께 작업한다는 것이다. 그렇지 않을 경우, 목표가 아무리 '건전'해도 회기에서 내담자는 자신이 동의하지 않은 방향으로 이끌려는 상담자의 노력에 저항하게 된다.

과제

과제는 내담자의 목표를 달성하기 위해 내담자와 상담자 모두가 수행하는 활동이다. 또한 작업동맹의 관점에서 내담자와 상담자가 명시적이든 암묵적이든 서로의 과제를 이해하고, 이러한 과제를 실행하는 것이 향후 유용한 방법이라는 데 동의하는 것이 중요하다.

제11장에서 필자는 해결책이 내담자가 목표를 달성하도록 돕는 문제에 대한 대응이라고 하였다. 이 장의 앞부분에서 이야기한 것처럼 상담자와 내담자가 해결책의 본질에 동의하는 것이 중요하다. 이때 내담자는 자신이 해결책을 실행할 수 있고, 그럼으로써 목표를 달성하는 데 도움이 된다는 것을 알아야 한다.

제27장에서 논의하겠지만, 내담자가 선택한 해결책을 일상생활에 적용하기 전에 회기에서 상담자와 함께 연습해 보는 것이 유용하다. 이렇게 할 때 내담자가 자신이 과제를 수행할 수 있고 그렇게 하는 것이 도움이 된다는 것을 믿을수록 해결책을 실행할 가능성이 높아진다.

상담이 끝난 후엔 직접적인 치료적 도움 없이도 내담자가 스스로 해결책을 실행할 수 있어야 한다. 그렇게 할 수 있도록 상담자가 이미지를 활용해 이 과정을 안내해 주면, 내담자는 이 작업을 수행할 준비를 할 수 있다.

결론

작업동맹 구조는 지향점이 다른 상담자들이 사용하는 일반적인 관점으로, SST의 실행에 대해 생각해 볼 수 있는 유용한 방법이다.

SST에서 상담자와 내담자 간의 좋은 작업 관계는 매우 빠르게 형성할 수 있으며, 그렇게 되면 좋은 결과를 얻을 수 있다(Simon et al., 2012). 이런 구조는 이유를 설명하는 데 도움이 된다.

제14장

이해에서 실제로 I : 좋은 실행을 위한 지침

요약

이 장에서는 네 가지의 주요 이론적 SST 원칙을 살펴보고, 이것이 어떻게 좋은 SST 실행을 위한 지침으로 이어지는지 논의해 보겠다. 원칙은 다음과 같다.

- 한 회기로 충분할 수 있다. 추가 회기의 필요 여부와 상관없이 내담자가 이를 최대한 활용하도록 돕는다.
- 회기는 중요하지만, 가장 중요한 것은 아니다.
- 천천히, 꾸준하고 겸손하게 진행하는 것이 가장 좋다.
- 내담자가 할 수 있는 것에 대해 진심으로 낙관한다.

SST에 대한 책을 쓴 많은 저자는 SST를 잘 실행하기 위해 해야 할 일과

하지 말아야 할 일의 목록을 만들었다(예: Bloom, 1992; Dryden, 2017; Paul & van Ommeren, 2013; Talmon, 1990). 이 장에서 설명하는 좋은 실행을 위한 지침은 위에 요약한 주요 이론적 원칙과 연결된다.

한 회기로 충분할 수 있다.
추가 회기의 필요 여부와 상관없이
내담자가 이를 최대한 활용하도록 돕는다

SST의 중요한 이론적 가정 중 하나는 '사람들이 가지고 있는 유연한 힘'이다. 이것의 의미는 내담자와 상담자가 '팔을 걷어붙이고' 내담자의 문제를 다루면 많은 것을 달성할 수 있고, 상담자가 구체적인 지침을 따르면 이 힘을 활용할 수 있다는 것이다. 그러나 모든 작업이 이 한 회기 안에서 완료되는 것은 아니며, 추가 회기도 가능하다.

이 가정은 회기가 내담자에게 주어지는 유일한 회기인지 여부와 상관없이 내담자가 회기를 최대한 활용하도록 도울 수 있는 좋은 실행을 위한 다음의 지침들을 이끌어 낸다.

▌상담 작업을 통해 내담자를 빠르게 참여시킨다

상담자가 내담자와 함께하는 모든 시간을 활용하는 것이 SST의 핵심이다. 따라서 상담자는 가능한 한 빠르게 작업을 시작한다. 앞 장에서 논의한 것처럼, 상담자와 내담자 사이의 유대는 이런 일이 일어날 때 강화된다. 내담자는 상담자가 열정적으로 돕고 싶어 하는 것을 느끼고, 그 결과 내담자도 상담자와 함께 노력하게 된다.

▌ 우리가 여기에 있는 이유를 명확히 한다

상담자의 명확성은 SST 과정에 도움이 되는데, 상담자와 내담자가 여기에 있는 이유와 그들의 공통 과제가 무엇인지 알기 때문이다. 이런 방법으로 회기의 목표에 대한 내담자의 오해를 확인하고 논의하여 해결할 수 있다.

▌ 신중하게 행동한다

상담자는 적극적인 역할을 해야 하고 내담자도 적극적으로 행동하도록 격려해야 한다. 적극적인 협업은 효과적인 SST의 특징이다.

▌ 초점을 맞추고 내담자가 집중하도록 돕는다

상담자가 회기의 초점을 맞출 때, 이 초점은 문제에 대한 내담자의 관점과 문제와 관련해 내담자가 달성하고자 하는 것을 기반으로 하는 것이 가장 좋다.[1] 일단 초점이 형성되면, 상담자는 내담자가 이에 집중하도록 돕는다.

▌ 합의한 해결책을 찾는다

어떤 의미에서 모든 SST는 해결중심적인데, 상담자가 내담자와

---

1) 이는 문제 다루는 것을 피하는 경향이 있는 해결중심 단회 상담자에게는 해당되지 않는다.

함께 문제를 다루고 목표 달성을 도울 해결책을 찾으려고 노력한다는 점에서 그렇다. 내담자와 상담자가 모두 잠정적인 해결책을 제시하고 검토해서 마지막에 내담자에게 가장 의미 있고 실행 가능성이 높은 해결책을 선택한다.

▮ 회기에서 해결책을 연습한다

일단 해결책이 선택되면, 가능한 한 내담자가 회기에서 이를 연습하도록 한다. 이런 즉각적인 실행을 통해 내담자는 해결책을 실행할 때 어떤 느낌일지 그리고 수정할 필요가 있다면 어떤 것을 수정해야 하는지 파악할 수 있다.

▮ 미진한 부분을 마무리하고 가능한 향후 회기를 논의한다

상담자는 내담자의 질문과 내담자가 갖는 의심, 거리낌, 이의에 답해 주면서 되도록 회기를 잘 마무리해야 한다. 잘 마무리하는 것에는 추가 회기와 관련된 상황도 포함되는데, 내담자는 가까운 시일에 또는 나중에 추가적인 도움이 필요할 때 어떻게 하면 되는지 알고 있어야 한다.

회기는 중요하지만, 가장 중요한 것은 아니다

SST의 모순점 중 하나는 첫 번째(이자 어쩌면 유일한) 회기에서 활용할 수 있는 잠재력이 많지만, 변화 과정에서 회기가 가장 중요한 것은 아니라는 점이다. 내담자는 삶에서 주어지는 모든 것으로부터 많은 것을 얻을 수 있고, 그런 마음가짐을 발전시키도록 내담자를 격려하면 내담자는 상담을 하기 전부터 시작된 변화 과정을 계속해 나가게 될 것이다.

█ 변화가 이미 시작되었음을 내담자가 알아차리도록 돕는다

어떤 사람은 도움을 받기 위한 절차를 밟겠다고 결심하는 것만으로 상담자와 예약한 회기를 모두 취소할 만큼의 변화 과정을 시작하기도 한다. 내담자가 상담에 오면, SST 상담자는 도움을 받기로 결심한 이후 무엇이 바뀌었는지 알아보고, 내담자가 만들어 낸 변화가 무엇이든 그것을 활용하도록 격려해야 한다.

█ 외부 자원은 내적 강점만큼이나 도움이 된다

SST 상담자는 내담자의 환경 안에 문제를 해결하는 데 도움이 되는 풍부한 외부 자원이 있음을 알고 있다. 내담자에게 이런 외부 자원을 안내해 주면, 내담자는 문제를 혼자 해결할 수 있지만 반드시 혼자 하지 않아도 된다는 것을 알게 되어 해방감을 느낄 수 있다.

█ 상담 외적인 사건들이 내담자가 변하도록 도울 수 있다

몇 년 전에 한 사람이 필자와 단일 회기를 하기로 예약하고, 그 전날 밤에 친구들과 저녁을 먹기 위해 외출했다. 그는 식사 자리에서 친구들에게 자신의 문제를 털어놓았는데 친구들은 엄청나게 지지적인 반응을 보이면서 그들 역시 그가 겪는 어려움을 겪고 있다고 이야기했다. 그는 그 저녁이 매우 치료적이었음을 알게 되었고, 단지 예의상 필자를 만나러 왔다. 필자는 그가 전날 밤부터 결론을 낸 몇 가지 사항을 보강해 주었고, 그는 돌아갔다. 필자가 한 것은 거의 없었다. 그는 친구들과 전날 밤에 진짜 작업을 했기 때문이다.

SST 상담자는 변화가 단일 회기에서만 일어나는 것이 아니라 어디서든 일어날 수 있다는 것을 알고 있기 때문에 그런 이야기를 들으면 기쁘다.

천천히, 꾸준하고 겸손하게 진행하는 것이 가장 좋다

빠름, 활기, 최고의 자신감과는 정반대인 느림, 꾸준함, 겸손함이 SST 실행을 뒷받침한다고 하면 이상하다고 생각할 것이다.

▍천천히 한다

무엇을 해야 하는지 알고 있는 단일 회기 상담자는 회기를 진행하는 가장 좋은 방법은 천천히 하는 것임을 안다. 종종 불안감 때문에 빠른 속도로 작업을 하는데, 이렇게 불안해하는 SST 상담자는 상담을 적절하게 하지 못할 것이다. SST 상담자가 천천히, 세심하게 그러나 내담자와 집중하는 방식으로 작업하면, 놀랍게도 많은 것을 다룰 수 있다.

▌변화를 일으키는 데는 한 걸음 나아가는 것으로 충분하다

SST의 관점에서는 변화 과정이 회기 전에 시작되어 회기 이후에도 계속 진행된다고 보므로, SST 상담자는 내담자가 첫발을 내딛도록 돕는 것으로 만족한다. 왜냐하면 내담자가 자신의 강점과 능력을 활용하도록 격려하면 상담자의 도움을 통해 내담자가 옳은 방향으로 나아갈 수 있다는 것을 알기 때문이다. 그러면 내담자는 한 걸음 또 한 걸음 계속해서 앞으로 나아갈 수 있다.

모를 때는 솔직하게 말한다 많은 상담자가 안 좋게 보일까 봐 내담자에게 '모르겠다'고 말하는 것을 두려워한다. 그러나 SST 상담자는 겸손의 가치를 알고 있으며, 실제로 대부분의 내담자는 그러한 정직성을 높이 평가한다. 또한 상담자는 SST에서 변화를 촉진하는 데는 지식보다 그들이 가진 기술이 더 중요하며, 모르는 것이 있으면 항상 답을 찾아낼 수 있다는 관점을 가지고 있다.

내담자가 할 수 있는 것에 대해 진심으로 낙관한다

내담자가 SST에서 성취할 수 있는 것에 대해 진심으로 낙관하지 않으면, 상담자는 SST에서 내담자 변화를 일으키는 것은 자신에게 달려 있다고 생각할 것이다. 이로 인해 상담자는 압박감에 시달리게 되고, 이런 압박감 속에서 SST 상담자는 작업을 제대로 할 수 없게 된다.

▌내담자의 강점을 확인하고 이를 활용하도록 격려한다

SST의 주요 특징은 내담자의 역량과 강점에 중점을 둔다는 것이다. 내담자가 자신의 강점을 확인하고 다시 연계해 그 강점들을 현재 문제에 어떻게 적용할 것인지 생각해 보도록 돕는 것이 SST의 일반적인 전략이다. 더 나아가, 상담자는 내담자에게 내담자의 능력에 대한 믿음을 보이는데, 이는 내담자들이 더 많은 힘을 갖고 있다고 느끼도록 돕는다.

▌현재 문제 및 기타 문제를 해결하기 위한 유용한 시도를 확인하고 이를 활용하도록 격려한다

내담자는 여전히 문제를 가지고 있지만 과거에 문제를 해결하려고 다양한 시도를 했을 것이고, 그중에 어떤 것은 도움이 되기도 했을 것이다. 도움되는 것이 있었다면, 상담자는 도움이 되는 요소들을 뽑아내 살짝 다듬어서 내담자가 이를 문제에 새롭게 적용하도록 도울 수 있다.

또한 상담자는 내담자가 다른 문제들을 해결하기 위해 사용했던 방법들을 참고해 유용한 전략을 현재 문제를 다루는 데 활용하도록 격려할 수 있다. 이는 내담자가 자기 자신을 십분 발휘하도록 격려해 SST 과정을 최대한 활용하도록 하는 것이다.

▌내담자가 회기에서 배운 것을 적용해 보도록 격려한다

SST에서는 내담자가 문제에 대해 합의한 해결책을 일상생활에 적용하는 능력이 있다고 여긴다. 그러나 내담자가 그렇게 하기 위해서는 약간의 격려가 필요하다. 이와 관련해 상담자는 회기 안에서의 해결책 연습과 삶 속에서의 해결책 실행 간의 차이를 해소하는 유용한 방법으로 행동 계획하기와 심리적 예행연습의 활용을 제안할 수 있다.

제15장

이해에서 실제로 II : 피해야 할 것들[1]

요약

단회상담의 핵심 원칙 중 하나는 시간의 효율적인 활용이다. 상담자는 오직 한 회기만 내담자와 함께할 수 있다는 것을 염두에 두고, 그에 맞춰 개입하기 위해 이러한 지식을 활용할 필요가 있다. 앞 장에서 SST 상담자가 시간을 효율적으로 활용하고자 할 때 수행하는 개입의 유형에 대해 간략하게 설명하였다. 필자는 좋은 실행과 나쁜 실행이 대비될 때 학습이 향상된다고 생각하므로 이 장에서 두 가지를 살펴보고자 한다. 먼저, 시간의 효율적인 활용에 대해 생각할 필요가 없는 상담자가 실행할 수 있는 활동들을 살펴보겠다. 이는 넉넉한 시한(예: 12~20회기)을 두고 상담하는 상담자나 상담의 종료가 명시되지 않은 지속적인 방식으로 상담하는 상담자의 경우에

---

1) SST 관점에서 피해야 하는 것이지, 상담자 자신의 관점에서 반드시 그런 것은 아니다.

해당된다. 분명히 말하지만 SST 상담자는 이런 활동들의 사용을 삼가기 바란다. 다음으로, SST에 내재된 시간제한으로 위축된 상담자들이 하는 활동을 살펴보도록 한다.

시간이 촉박하지 않을 때

상담자가 시간제한을 느끼지 않으면서 작업할 때, 다음과 같은 치료적 활동을 하는 경향이 있다. 필자는 우선 그런 상담자가 내담자와 함께하는 시간의 맥락을 고려하면 이러한 활동들은 가치가 있음을 강조하고 싶다. 그러나 알다시피, 이런 활동들을 SST에 적용하면 역효과를 낸다. 각각의 활동을 살펴보면서 그 활동들의 활용 이유를 설명하려고 한다. 다시 말하지만, 그런 이유는 SST에 존재하는 엄격한 시간제한으로부터 자유로운 상황에서 고려되어야 한다.

▌개인사를 자세히 탐색한다

개인사를 자세히 탐색하는 것은 상담자가 내담자를 발달사의 다채로운 맥락 속에서 이해하는 데 도움이 되기 때문에 필수적이다. 각 개인은 고유한 존재이고, 다음의 정보를 알게 되면 더욱 잘 이해할 수 있다.

- 양육 및 부모, 형제자매, 다른 가족 구성원과의 관계
- 학교 교육 및 사회적 발달(예: 또래와의 관계)

- 특히 문제적 측면에서 강조되는 관계 및 성과 관계된 이력
- 직업 이력과 상사 및 직장 동료와의 관계
- 취미 및 여가 활동
- 심리적 문제의 이력, 특히 자살시도 및 자해와 관련된 에피소드
- 물질의 문제적 사용(예: 알코올 및 약물)
- 신체적 병력
- 자신과 타인에게 해를 끼칠 위험이 있다는 현재의 증거

개인사를 탐색하면서 상담자는 현재의 문제와 관련되는 패턴을 찾는다.

SST 관점: 개인사를 자세히 탐색하지 않는다 〈고스트 타운〉이라는 영화에서 Ricky Gervais는 장 질환으로 응급실에 가게 된 냉소적인 뉴욕 치과의사 역할을 연기했다. 접수단계에서 그는 그가 '해당사항 없음'이라고 답한 병력에 대한 몇 가지 질문을 받게 된다. 이 장면은 SST 상담자는 내담자의 문제와 관련된 질문만 해야 한다는 것을 상기시켜 주는 좋은 예다. 상담자는 개인사를 자세하게 탐색할 시간도, 이유도 없다.

▌ 내담자가 초점 없는 방식으로 이야기하도록 허용한다

내담자가 상담을 하러 올 때, 그들은 다른 사람이 정한 의제가 아닌 그들이 선택한 방식으로 자기 자신에 대해 이야기하는 기회를 처음으로 경험한다. 상담자는 내담자가 하는 말을 경청하고 서두르지 않는 환경에서 내담자에게 도움을 준다는 단 한 가지 의제만

가지고 있다. 또한 상담을 받으러 온다는 것은 내담자가 처음으로 개인적인 방식으로 자기 자신에 대해 이야기하는 기회가 될 수 있다. 이런 두 가지 이유로 내담자가 자신의 방식으로, 자신의 속도에 맞춰 이야기하도록 하는 것이 중요하다.

SST 관점: 내담자가 초점 없이, 일반적인 방식으로 이야기하도록 허용하지 않는다   대개의 경우, 내담자에게 맡겨 두면 앞에서 말한 것처럼 내담자는 초점 없이 일반적인 방식으로 자신의 문제에 대해 이야기할 것이다. SST에서는 시간이 중요하다는 것을 고려하면, 그런 일반적이고 초점이 없는 이야기는 내담자가 단일 회기에서 많은 것을 얻는 데 도움이 되지 않는다. SST에서 필요한 것은 구체성과 초점을 가지고 작업하는 것이다.

▌내담자의 기준으로 듣고 반응한다

알다시피, 상담을 시작할 때 내담자에게 자신의 방식으로 이야기할 수 있는 기회를 더 많이 주는 것은 중요하다. 여기에서 상담자의 역할은 주의 깊게 비판단적으로 경청하고, 내담자에게 지시하지 않는 것이다. 내담자가 이런 초점 없는 방식으로 자신을 탐색하는 동안, 상담자는 내담자의 기준으로 내담자를 이해한 내용을 전달하려고 한다. 내담자에게 주도권을 주기 때문에 상담자는 듣고 반응해 주는 이런 방식을 얼마나 오랫동안 유지할 것인지에 대해 스스로에게 시간제한을 두지 않는다. 내담자가 조금 더 집중하게 되면, 상담자도 그렇게 할 것이다.

SST 관점: 비지시적인 경청에 너무 많은 시간을 쓰지 않는다   SST

에서도 내담자의 이야기를 들어 주는 것이 중요하지만, SST 상담자는 내담자에게 비판단적인 주의를 기울이면서도 동시에 내담자가 주요 문제에 초점을 맞추도록 도와야 한다. 결론적으로 상담자는 비지시적인 경청에 너무 많은 시간을 쓰지 말아야 한다.

▌ 종합적으로 문제를 평가한다

시간적 압박에서 자유로운 상담에서는 상담자가 도움을 받으려는 내담자의 문제를 철저히 평가할 시간이 있다. 무엇이 관련이 있고 무엇이 관련이 없는지 분명하지 않기 때문에, 상담자는 지나치게 조심하면서 나중에 이런 정보를 활용하지 않더라도 자료를 많이 모은다. 이 관점에서는 결정적인 것을 놓치는 것보다 무언가를 가지고 있으면서 이를 사용하지 않는 것이 더 낫다고 본다.

SST 관점: 관련이 없는 것은 평가하지 않는다   모든 SST 상담자가 문제 평가를 하는 것은 아니지만, 문제 평가를 하는 상담자는 알고 있으면 유용할 수 있어도 SST의 초점에서 불필요한 영역에 대한 평가는 피한다. 필자가 SST를 할 때는 보통 문제 평가를 하는 데 많은 시간을 보낸다. 필자에게는 특히 내담자가 어떤 곤란함을 겪고 있으며 어떻게 무심코 자신의 문제를 유지하고 있는지 정확하게 아는 것이 중요하기 때문이다. 그러나 이런 평가는 불필요한 자료를 모으지 않는 집중적인 방식으로 이루어진다(Dryden, 2017, 2018a).

▌ 사례개념화를 한다

사례개념화는 상담자와 내담자가 함께 협력하여 문제의 발단 및 유지를 설명하는 요인과 그 요인들이 어떻게 연결되어 있는지에 대한 전반적인 그림을 그리는 것을 의미한다. CBT에서는 사례개념화를 하지 않고 상담을 하는 것은 지도 없이 낯선 곳에 가려는 것과 같기 때문에 사례개념화를 하지 않으면 상담을 시작하지 않는 것이 낫다는 의견이 점점 커지고 있다. 그런 사례개념화를 하려면 두세 번의 회기가 필요할 수 있다. 또한 자세한 개인사를 탐색해야 한다면 개입이 시작되기 전에 대여섯 번의 회기가 필요할 수도 있다. 내담자가 이러한 활동의 이유를 이해하고 동의한다면 장기 상담에서는 이렇게 하는 것이 문제가 되지 않는다.

SST 관점: 정교한 사례개념화를 하지 않는다   사례개념화를 하는 것은 가치 있는 활동이지만, SST에서는 상담을 하기 위해 사례개념화를 할 시간이 없다. 이것이 SST는 사례개념화 위주가 아니라 평가라고 말하는 이유다(Dryden, 2017). 이는 사례개념화에 의한 정보가 없으면 개입하기 어렵다고 생각하는 CBT 상담자에게는 도전이 된다.

SST 상담자가 시간의 압박을 받을 때

일부 상담자는 내담자를 도울 수 있는 회기가 단 한 번뿐일지도 모른다는 생각에 겁을 먹는다. 필자의 REBT 관점에서 보면, 그런 상담자는 시간을 효과적으로 사용해야 하고 그 시간 안에 내담자를 도와야 한다고 생각하거나 SST에 내재되어 있는 제약을 견딜 수 없어 하는 것 같다. 그런 상담자에게는 시간과 도움에 대한 유연한 태도를 개발하고, 제약을 견디는 것을 배우라고 조언하는데, 그것은 상담자가 그러한 제약을 두고 작업을 하는 것의 장점을 깨닫는데 도움이 될 것이다(제3장 및 Rod Temperton의 사례 참조).

상담자가 시간의 압박을 받으면 다음과 같이 행동하기 쉽다.

▌급하게 서두르며 내담자를 지치게 한다

시간에 쫓기는 SST 상담자는 한두 가지 핵심사항에 초점을 맞추기보다 회기에서 다루고 싶은 것을 서둘러 진행한다. 그들은 '적을수록 더 좋다.'라는 SST 관점에 힘들어한다. 그 결과, 내담자는 쫓기고, 불편하고, 혼란스럽게 느끼게 된다.

SST의 해결책: 내담자를 재촉하지 않는다   SST에서 시간이 중요하다는 이유로(Dryden, 2016), SST 상담자가 내담자를 재촉해서는 안 된다. 사실 내담자를 재촉하는 상담자는 대개 효율적이지도 않다. 필자는 종종 아스널 FC 소속 축구선수인 Mesut Özil의 예를 드는데, 그는 매우 효율적이지만 절대로 서두르지 않는다. 유능한 SST 상담자는 서두르지 않는다!

▌상담자가 하는 것이 무엇이고, 왜 하고 있는지
내담자가 알고 있다고 가정한다

상담자는 내담자가 상담자에게 의구심을 가진다는 것을 알아도 자신이 하는 개입과 그렇게 하는 이유를 설명할 시간이 없다고 생각한다. 실제로 상담자가 시간의 압박을 받고 있다는 점을 고려하면, 상담자는 내담자가 그런 의구심을 가지고 있다는 것조차 알아 차리지 못할 것이다.

SST 해결책: 상담자가 하는 것이 무엇이고, 왜 그것을 하는지 내담자 가 알고 있다고 가정하지 않는다   내담자가 상담자가 하는 것이 무 엇이고 그렇게 하는 이유를 알고 이해한다는 비언어적인 신호를 보내면, 상담자는 내담자가 실제로 이해하고 있다고 생각하기 쉽 다. 유능한 SST 상담자는 이런 가정을 하지 않으며, 자신이 하는 것 이 무엇인지, 왜 그렇게 하는지 설명하면서 주의를 기울일 것이다. 게다가 유능한 상담자는 설명할 시간이 있다고 생각한다.

▌많은 질문을 한다

내담자가 질문에 대한 답을 생각하려고 머뭇거리면, 시간에 쫓 기는 SST 상담자는 이것을 시간 낭비라 여기고 그 질문을 다른 형 태로 하거나 완전히 다른 질문을 한다.

SST 해결책: 많은 질문을 하지 않는다   SST 상담자가 질문을 많 이 하는 경향이 있는데, 그렇게 하는 것을 참아야 한다. 답변이 빨 리 나오지 않으면 내담자에게 여러 질문을 하는 것을 피해야 한다. 유능한 SST 상담자는 내담자에게 생각할 시간을 준다.

제**2**부

단회상담의
실제

제16장

개관: SST의 과정

요약

이 장에서는 단회상담 과정에 대한 두 가지 관점을 살펴보고자 한다. 이것은 이 책의 실제 부분에 해당하는 제17장부터 제30장까지 개관하는 역할을 할 것이다. 첫 번째 관점은 상담자가 혼자 작업하는 경우와 관련이 있다. Hoyt(2000)가 말한 SST의 여섯 단계는 ① 결정 단계, ② 준비 단계, ③ 시작 단계, ④ 중간 단계, ⑤ 종료 단계, ⑥ 후속 및 추수 단계다. 각 단계에서의 특징을 간단히 설명할 것이다. 두 번째 관점은 walk-in 상담 및 팀 접근방식의 상담과 관련이 있다. McElheran, Stewart, Soenen, Newman과 MacLaurin (2014)이 언급한 SST의 다섯 단계는 ① 회기 전 단계, ② 호소문제에 초점을 두는 회기 단계, ③ 회기 중 자문 단계, ④ 개입의 전달 단계, ⑤ 회기 후 경과보고 단계다.

관점 1: 상담자가 혼자 작업하는 경우

상담자가 치료 과정의 관점을 가지는 것은 드문 일이 아니며(예: Garfield, 1995), 상담이 단일 회기보다 더 오래 지속될 때 이런 관점을 취할 가능성이 매우 많다. Hoyt(2000)는 이런 과정의 관점을 SST에 적용하였고, 이 장에서 그의 생각을 설명해 보려 한다.

▌ 결정 단계

결정 단계에서는 도움을 구하는 내담자가 상담자에게 연락을 하고, 상담자와 내담자가 모두 SST에 참여하기를 원하는지 여부와 이 작업방식이 내담자의 치료적 욕구를 가장 잘 충족시키는 방식인지 여부를 결정해야 한다. 필자는 이 주제를 제17장에서 더 자세히 설명할 것이다.

▌ 준비 단계

Hoyt 등(2018b)은 예약에 의한 SST와 walk-in에 의한 SST를 구분하였다. 전자의 경우, 상담자는 상담과정을 최대한 활용하도록 돕기 위해 고안된 대화에 내담자를 참여시킬 수 있다. 이런 대화는 대부분 전화로 진행되지만, 어떤 매체라도 활용할 수 있다. 필자는 이 주제를 제18장에서 논의할 것이다.

▌시작 단계

상담계약이 이루어진 후(제19장 참조), SST 시작 단계의 특징은 상담자가 내담자에게 해결하고자 하는 문제 및 이 회기를 통해 달성하고자 하는 목표를 질문하는 것이다(제20장과 제21장 참조). 내담자가 장기목표를 말하더라도 상담자는 내담자가 회기 목표를 정하도록 도와야 하는데, 회기 목표는 장기목표를 향한 하나의 단계로 설정해야 한다. 상담자는 곧바로 작업에 돌입하여 내담자를 돕고자 하는 열의를 보여 줌으로써 내담자와 좋은 작업동맹을 맺는다(제13장 참조).

▌중간 단계

일단 내담자가 달성하고자 하는 것이 무엇인지 알게 되면, 상담자와 내담자는 Hoyt가 '재집중과 변화'라고 칭한 일에 착수하게 된다. 이것은 SST 상담자가 자신의 치료적 이론이 제공하는 통찰과 기술을 상담과정에 가져와 내담자가 자신의 내적 강점, 능력, 회복탄력성 요인을 끌어내고 외부 자원을 활용할 수 있는 방법을 탐색하도록 도움으로써 내담자를 격려하는 상황에서 통찰과 기술을 활용하는 단계다(제24장 참조). 이것이 필자가 상담과정에 내담자가 가져오는 것과 상담자가 가져오는 것의 SST 융합이라고 부르는 것이다(제7장 참조). 따라서 상담자는 중간 단계에서 내담자와 함께 다양한 잠정적 해결책의 실행을 검토할 수 있다(제23장과 제26장 참조). 여기에는 ① 문제 발생의 예외를 확인하고 내담자가 이를 활용하도록 돕기, ② 목표를 이룬 예를 찾아보고 활용하기, ③ 내담자가 뭔가 다른 것을 해 보도록 격려하기, ④ 다른 관점으로 상황 보기가 포함된다. 창의적인 SST 상담자는 종종 그 자리에서 강력한 맞춤형 개입을 구상하고, 내담자가 문제를 해결하고 목표를 향해 나아갈 수 있는 창의적인 해결책을 찾도록 격려한다(제25장 참조).

중간 단계 후반부에서 상담자는 내담자가 자신에게 가장 도움이 될 것으로 생각하는 해결책을 선택하도록 돕고(제26장 참조), 가능하면 회기 안에서 해결책을 연습해 보도록 격려한다(제27장 참조).

▌종결 단계

종결 단계에서 상담자는 내담자가 회기에서 배운 내용을 요약하고 이렇게 배운 것을 실행할 계획을 세우도록 격려한다. 일반적으로, 상담자는 내담자가 하는 마지막 질문에 답을 하면서 마무리한다(제28장 참조). 향후 회기가 가능한지 여부와 가능하다면 내담자가 향후 회기를 하기 위해 해야 하는 일에 대해 의논한다.

▌후속 및 추수 단계

한 관점에서 보면, walk-in SST에서는 내담자가 다시 돌아올 가능성이 많지 않기 때문에 이 단계는 SST 과정에 들어가지 않는다. 다른 관점, 보통 내담자의 관점에서 보면, 내담자가 일련의 단일 회기를 할 수 있는 '한 번에 한 회' 상담으로 구조화될 때 이 단계는 특별히 SST 과정의 일부가 된다. Hoyt(2000)는 내담자의 연속성 및 재방문과 관련된 후속 작업과 상담이 끝난 후 성과와 서비스 평가에 관한 내담자의 피드백을 받는 추수 작업을 유용하게 구분하고 있다(제30장 참조).

관점 2: walk-in 상담과 상담자들이 팀을 이뤄 작업하는 경우

McElheran, Stewart, Soenen, Newman과 MacLaurin(2014)는 캐나다 앨버타주 캘거리에 있는 이스트사이드 가족센터(Eastside Family Centre)의 walk-in 상담에 대해 서술하면서 SST 회기의 다른 과정을 설명하였다. 이 과정은 앞에서 설명한 것과 달리 상담자가 혼자 작업하는 것이 아니라 팀을 이루어 작업하며, 상담 팀이 돕는 내담자가 개인보다는 가족인 walk-in 상담에 대한 접근을 설명하고 있다. 이 과정의 관점은 밀란 가족치료 모형과 일치하며(예: Boscolo, Cecchin, Hoffman, & Penn, 1987), 상담자가 관찰 팀의 지원을 받으며 수행하는 많은 가족상담 SST를 설명하고 있다.[1]

▌회기 전 단계

이 단계에서는 내담자가 작성한 양식과 구할 수 있는 다른 정보(예: 내담자가 이전에 연락을 한 적이 있는 경우 관련 메모)를 검토한다. 팀은 회기 및 회기 탐색을 위한 길라잡이로 잠정적 가설을 세운다.

---

1) 내담자가 가족일 수도 있고, 상담자의 역할도 한 명 이상일 수 있지만, 여기에서는 '내담자'와 '상담자'라고 하겠다.

▌회기의 전반 단계

이 단계에서 내담자는 도움을 구하는 이유를 말하고, 상담자는 내담자가 호소문제에 초점을 맞춰 다룰 수 있도록 내담자를 돕는다.

▌회기 중 자문 단계

상담을 하는 상담자는 휴식을 요청하고 내담자와 상담자가 함께 이끌어 낸 문제에 대해 상담 팀의 자문을 받는다. 그리고 팀 전체는 개입을 논의하고 제안한다.

▌회기의 후반 단계

상담자는 상담 팀을 대신해 내담자에게 개입을 추천하고 실행한다.

▌회기 후 경과보고 단계

내담자가 돌아간 후, 상담 팀은 내담자가 회기에서 원하는 것을 얻었는지 여부를 논의하고 내담자가 재방문할 경우 향후 상담 작업을 안내할 수 있는 기록을 작성한다.

SST의 과정에 대한 두 가지 다른 관점에 대해 설명하였다. 논의된 많은 문제가 두 가지 관점 모두와 관련이 있겠지만, 필자는 주로 첫 번째 관점을 사용하여 이 책의 나머지 부분을 구성하였다.

SST에 관해 결정하기

요약

이 장에서는 SST가 자신에게 도움이 될지 여부를 내담자가 결정하는데 도움이 되는 주제를 다룰 것이다. 그러면서 도움 요청의 형태를 활용해 사람들이 상담자 또는 상담기관에 연락할 때 취하는 역할을 설명하고자 한다.

어떤 사람이 상담자 또는 상담기관에 연락할 때, 그들은 도움 요청의 세 가지 역할 중 한 가지 역할을 한다. SST 상담자와 상담기관에서 그런 전화를 접수하는 담당자는 그 사람이 SST에 적합한지 여부를 결정할 때 그 사람이 취한 역할이 무엇인지 고려하는 것이 좋다. 이는 walk-in SST보다 예약에 의한 SST에만 적용되는 경향이 있는데, 상담자는 내담자가 다음의 역할 중 어떤 역할을 하든 관계없이 내담자를 대해야 한다.

도움 요청의 다양한 역할

도움을 요청할 때 사람들이 취하는 역할은 다양하다. 이 주제를 상담 실제와 연관해 살펴보도록 하겠다.

▌'심사숙고자' 역할

'심사숙고자'[1] 역할일 때, 사람들은 자신에게 문제가 있음을 인식하고 그에 대해 무엇을 해야 하는지 생각한다. 이런 사람은 도움을 요청해야겠다고 생각하더라도 도와줄 수 있는 상담자에게 곧바로 연락하지 않는다. 대신, 도움을 요청할 수 있는 상담자나 기관에 대한 이야기를 주위 사람들에게 하곤 한다.

▌'질문자' 역할

'질문자' 역할일 때, 사람들은 치료적 도움을 줄 수 있는 상담자나 기관에 직접 연락을 한다. '질문자'는 상담서비스에 관해 직접 더 자세히 알아보고, 서비스 비용이 얼마인지 알고자 한다. 그러나 아직은 특정 상담자에게 도움을 받겠다는 결정을 하지 않는다.

---

1) 이는 내담자가 자신에게 문제가 있는지 없는지 생각하는 '변화 단계' 모형(Prochaska, Norcross, & DiClemente, 2006)에서의 '숙고'와 다르다.

▌'신청자' 역할

'신청자' 역할일 때, 사람들은 특정 상담자와 기관에 도움을 요청하기로 결정하고 그러한 도움을 신청한다. 그러나 그들을 아직 내담자라고 볼 수는 없다.

▌'내담자' 역할

'내담자' 역할일 때, 사람들은 어떤 서비스를 받을 것인지 상담자와 상의한다. 그들은 잠재적인 이익과 있을 수 있는 위험을 포함한 해당 서비스의 특성을 이해하며, 동의서를 작성하기로 결정한다. 동의를 하면, 그들은 내담자가 된다.

진행 과정

보통 누군가 필자에게 전화나 이메일로 연락을 하면, 필자는 비서나 행정 지원 인력이 없기 때문에 직접 연락이 닿는다. 필자는 연락해 온 사람이 누구든지 즉각적인 응답을 한다. 전화번호를 남긴 사람에게는 전화를 해서 그가 '질문자' 역할인지, '신청자' 역할인지 파악한다.

▌'질문자' 역할을 하는 사람에게 응답하기

'질문자' 역할을 하는 사람이라면, 필자는 그가 상담 신청 여부를 결정하는 데 도움이 되는 문의 사항이 있는지 파악하려고 노력한다. 이렇게 해서 필자는 상담 비용이나 제공하는 서비스가 무엇인지 일반적인 방법으로 알려 준다.

▮ '신청자' 역할을 하는 사람에게 응답하기

'신청자' 역할을 하는 사람은 필자가 하는 SST와 이것이 그들에게 도움을 줄 수 있다는 것을 잘 알 수도 있고, 필자의 SST 서비스에 대해 잘 모를 수도 있다. 만약 그들이 SST를 찾고 있다면, 필자는 그 사람에게 왜 이 서비스가 특별히 도움이 될 거라고 생각하는지 간략히 이야기해 달라고 요청하고, 그들의 이야기에 필자가 동의하는지 동의하지 않는지 살펴보면서 경청한다. 동의하면, 필자는 SST로 상담 작업을 하는 방식에 대해 설명하고(Dryden, 2017 참조), 가능하면 다음 날 회기 전 전화 연락을 예약한다. 이 연락의 목적은 내담자의 문제에 대해 좀 더 들어 보고, 내담자가 대면 단일 회기를 최대한 활용하도록 하는 데 필요한 정보를 얻기 위함이다. 필자와 내담자가 SST가 최선의 선택이라고 함께 결정하면, 회기 전 전화 연락 이후 곧바로 SST 회기를 다시 예약한다. 그 사람의 이야기에 동의하지 않으면, 필자는 그 이유를 설명하고 다른 서비스를 제안한다. 필자는 SST가 내담자를 위해 상호 동의하는 방식이어야 한다고 생각한다.

일반적인 신청자들에게 필자는 필자가 제공하는 여러 상담서비스(SST, 지속 상담, 부부 상담 및 코칭)에 대해 설명하고 어떤 서비스가 그들의 요구에 가장 잘 맞는지 물어본다. 그들이 SST를 선택하면 그 이유를 설명하도록 하고, 필자가 그 이유에 동의하면 (앞에서처럼) SST로 상담 작업을 하는 방법을 설명하고, 다음 단계로 넘어가 회기 전 전화 연락 일정을 잡는다. 만약 동의하지 않으면, 필자는 그 이유를 다시 설명하고 그들의 요구에 더 적합할 것으로 생각되는 서비스를 제안한다. 그 서비스는 다른 상담자가 할 수도 있고, 필자가 할 수도 있다.

제 **18** 장

회기 준비하기

요약

이 장에서는 상담자와 내담자가 대면 회기를 잘 준비해서 내담자가 회기를 최대한 활용할 수 있는 방법을 살펴보고, 그런 준비 상황과 내용을 함께 다루도록 하겠다.

모든 정원사가 알고 있듯이, 씨앗을 심기 전에 땅을 고르는 것이 중요하다. 그렇게 하지 않으면, 고르지 않은 땅에 있는 잡초가 씨앗의 성장을 방해해 적절히 고르고 씨앗을 심은 땅보다 수확량이 많지 않을 것이다.

이런 비유는 SST에도 적용된다. 첫 번째(이자 아마도 유일한) 회기에는 내담자가 얻을 수 있는 잠정적인 이득이 많다. 그러나 이런 이득을 실현하려면 상담자가 회기를 준비하기 위해 내담자와 협력할 필요가 있다. 준비해야 할 상황을 먼저 살펴보고, 그다음으로 이런 준비의 본질에 대해 논의하고자 한다.

회기 준비 상황

회기 준비는 여러 상황에서 일어날 수 있다. 여기서는 몇 가지 주요 상황을 살펴보겠다.

▍회기 전 전화 연락

회기를 위한 준비는 종종 전화로 진행된다. 상담자는 내담자가 전화 통화에 동의하면, 내담자에게 이 통화의 목적은 앞으로 이어질 대면[1] 회기를 내담자가 최대한 활용하도록 돕기 위해 그들이 어떻게 준비해야 하는지 논의하기 위함이라는 것을 알려 준다. 이 회기 전 연락은 내담자와 상담자가 서로 온전히 주의를 기울일 수 있고 내담자가 방해받지 않을 시간에 진행하는 것이 중요하다. 필자는 내담자에게 노트를 준비해서 대화 내용을 메모할 것을 권하고, 필자도 그렇게 한다.

상담자마다 전화면담을 구성하는 방법은 다 다르다. 필자는 내담자를 돕는 데 도움이 될 정보를 얻기 위해 질문할 때 프로토콜을

---

[1] 대면이란 상담자와 내담자가 서로를 볼 수 있는 장면을 의미한다. 여기에는 두 사람이 물리적으로 같은 방에 있는 상담 또는 Skype 같은 인터넷 플랫폼을 이용한 상담이 포함된다.

참조한다(Dryden, 2017). 또한 내담자가 자신의 관점에서 회기를 최대한 활용하는 데 도움이 될 질문을 필자에게 하는 것도 똑같이 유용하다.

▌ 회기 전 질문지

SST를 제공하는 많은 상담기관에는 내담자가 회기에 들어가기 전에 작성해 제출하는 회기 전 질문지가 있다. 그런 질문지는 실제 양식을 작성하거나 온라인으로 작성할 수 있다. 여기에서 핵심은

표 18-1 walk-in 상담 클리닉의 내담자용 질문지

1. 과거에 우리 기관에서 서비스를 받은 적이 있나요? 또는 이전에 24시간 위기 전화에 연락한 적이 있나요?
2. 오늘은 어떤 이유로 왔나요?
3. '1점'이 최악이고, '10점'이 최고라고 한다면, 오늘 당신의 삶은 몇 점인가요?
4. 오늘 면담에서 일어날 수 있는 가장 좋은 일은 무엇일까요?
5. 지금 다루어야 할 가장 중요한 문제는 무엇인가요?
6. 그런 문제가 생기면 어떤 기분인가요?
7. 현재 자신 또는 타인에게 해를 입힐 위험이 있나요? (예/아니요)
8. 만약 누군가가 당신을 알아 갈 시간이 많다면, 당신의 어떤 점을 가장 좋아하고 존경할까요?
9. 우리가 당신을 최대한 돕기 위해 당신의 문화, 민족성, 종교, 언어, 성적 지향, 성(gender) 정체성 및 표현, 정신적 건강 및 신체적 건강 등에 대해 꼭 알아야 할 것이 있나요?

출처: Reach Out Centre for Kids, Ontario (2017).

가능한 한 회기를 앞두고 질문지를 작성해 제출하는 것인데, 그래
야 내담자의 현재 상황이 반영되고 상담자가 양식을 읽고 정보를
이해할 기회를 가질 수 있기 때문이다. 〈표 18-1〉에 회기 전 질문
지에서 할 수 있는 질문들을 제시하였다.

walk-in 상담 클리닉에서는 보통 면담이 이루어지기 전 짧은 대
기시간에 간단한 회기 전 질문지를 작성해 달라고 사람들에게 요
청하는데, 이는 대기시간을 활용하는 훌륭한 방법이다.

▌회기를 시작할 때

이 준비는 대면 회기에서 이루어진다. 상담자는 회기를 시작하
기 전에 내담자에게 중요한 정보를 얻어서 내담자가 회기를 최대
한 활용할 수 있도록 돕고 싶다고 이야기한다. 여기서 명심해야 할
것은 회기 시작 전의 기간과 회기 자체를 구분해야 한다는 것이다.
이 과정은 상담자와 내담자의 만남이 평소보다 길어질 때(예: 60분
이 아닌 90분) 가장 잘 수행된다. 내담자도 적극적으로 이 과정에 참
여하도록 요청해야 한다.

회기 준비를 위한 내용

내담자가 회기를 최대한 활용하도록 돕기 위해 상담자가 회기를
준비하면서 알고자 하는 것은 무엇인가? SST 상담자들이 이 주제
에 대해 갖고 있는 의견은 모두 다르겠지만, 다음에 제시된 것은 회

기 전 준비 면담의 내용에 포함되는 여러 주제와 회기에서 그것들을 활용하는 방법에 대한 제안이다.[2]

- 지금 도움을 청하는 이유는 무엇인가요?
- 누구와 관련이 있나요?
- 얼마나 빨리 도움을 받고 싶은가요?
- 회기가 끝날 때까지 달성하고 싶은 것은 무엇인가요?
- 문제를 해결하기 위해 이전에 어떤 시도를 했나요? 그 결과는 어땠나요?
  - 도움이 된 시도는 활용하고, 도움이 되지 않은 시도는 그만두게 한다.
- 과거에 비슷한 문제를 어떻게 해결했나요?
  - 성공적인 전략은 문제에 적용할 것을 제안한다.
- SST 상담과정에서 활용할 수 있는 관련된 강점이 있나요?
- 우리가 하는 작업을 최대한 활용하는 데 도움이 되는 당신의 성격 특성은 무엇인가요?
- 우리의 상담 작업을 뒷받침할 만한 당신의 중요한 가치관은 무엇인가요?
- 우리가 대면 회기를 할 때 당신을 어떻게 도우면 가장 좋을까요?
- 상담에 도움이 되는 활용 가능한 외부 자원은 무엇인가요?

2) 그러한 내용의 예로 〈표 18-1〉을 참조하라.

- 효과적인 변화와 관련 있는 음악, 문학 및 예술 작품이 있나요?
- 삶이 당신에게 가르쳐 준 소중한 교훈이 있나요?
- 당신을 이끄는 삶의 원칙은 무엇인가요?
- 역할모델이나 영향력 있는 인물이 당신이 원하는 방식으로 변화하도록 격려해 주나요?

다시 한번 강조하지만, SST 상담자가 내담자에게 이 모든 질문을 하라는 것이 아니다. 가급적이면 필요에 따라 선택할 수 있는 질문 목록으로 사용하는 것이 좋다.

계약하기

요약

계약하기에는 상담자와 내담자가 제공되는 서비스에 대한 상호 이해를 바탕으로 서로 협력하기로 합의하는 과정이 포함된다. 이 장에서는 내담자가 상담 진행에 대한 사전 동의를 할 수 있도록 상담자가 다양한 형태의 SST를 설명하는 방법을 제시하였다.

서론

상담자와 내담자가 대면 회기로 만날 때, 양쪽 모두 계약과 관련된 몇 가지 중요 주제에 대해 명확히 해야 한다. 이 장에서는 내담자에게 제공하는 서비스의 특성과 상담자가 이를 어떻게 명시할 것인지에 초점을 맞출 것이다. 비밀보장, 위험평가 및 관리에 대한 기관의 정책 같은 그 외 더 일반적인 문제들은 논의하지 않겠다.

이 장에서는 다양한 유형의 SST 서비스와 내담자에게 진행에 대한 사전 동의를 받아 상담계약으로 이어지도록 이를 명시하는 방법을 개략적으로 설명할 것이다. 상담계약을 서면으로 해야 하는지 아니면 구두 동의로 해야 하는지에 대해서는 다루지 않겠다. 이는 SST만의 문제가 아닌 모든 형태의 서비스 제공과 관련이 있는 보다 일반적인 치료적 문제이기 때문이다.

유일한 회기

제1장에서 논의했듯이, 오직 한 회기만 제공하는 SST 상담자도 있고 추가 회기를 제공하는 상담자도 있지만, 다양한 이유로 오직 한 회기만 해야 하는 입장일 수도 있다. 일반적으로 이것은 내담자가 회기에 오기 전에 상의한다. 예를 들어, 필자는 최근에 인도에 갔는데, 필자가 인도로 떠나기 몇 주 전에 어떤 사람이 전화를 해서 그들이 런던을 방문하는 6주 동안 6회 상담을 예약할 수 있는지를 문의해 왔다. 불행하게도, 우리의 일정이 엇갈려서 필자는 그 사람에게 한 회기만 제공할 수 있었는데, 그는 그것을 받아들였다. 회기를 시작할 때 필자는 내담자에게 우리가 한 회기만 하지만, 나중에 무료 화상통화를 할 수 있다고 상기시켰다. 그러나 그는 Skype나 WhatsApp을 사용할 수 없었기 때문에, 이것은 그가 다음에 런던

에 올 때 하기로 한 추수 작업과는 별개로 유일한 회기가 되었다.

어떤 이유로든 회기가 오직 한 번뿐이라면, 상담자는 "전화로 이야기했던 것처럼 우리는 오직 한 회기만 할 수 있습니다. 당신은 그에 동의하셨는데, 여전히 그러한지 확인하고 싶습니다."라고 말할 수 있다. 내담자가 그렇다고 하면, 상담자는 "좋습니다. 자, 우리가 한 팀이 되어 힘을 합쳐서 당신에게 변화를 만들 무언가를 가져갈 수 있도록 해 봅시다."라고 덧붙일 수 있다.

walk-in 상담

walk-in 서비스는 사람들에게 예약 없이 즉시 만날 수 있는 기회를 제공한다. 어떤 사람은 walk-in 서비스를 한 번만 이용하고, 어떤 사람은 여러 번 이용한다. 그리고 이용 가능한 추가 회기에 대한 입장도 서비스마다 다르다. 누구는 walk-in 상담을 다시 받을 수 있다고 하고, 누구는 추가 회기가 필요하면 반드시 예약을 해야 한다고 한다(Dryden, 2019a). 여기서 중요한 것은 상담을 진행하기 전에 상담자가 내담자에게 서비스의 정책이 무엇인지 명확히 알려야 한다는 것이다. 다음은 walk-in 서비스에서 상담자가 알려 줄 수 있는 내용의 한 예다.

시작하기 전에 당신에게 적용될 이 서비스의 정책이 무엇인지 명확히 알려 드리겠습니다. 이제 우리는 한 회기를 할 것이고, 당신의 문제가 무엇이든 함께 당신을 돕는 데 집중할 겁니다. 저는 오늘 우리가 상담을 끝내기 바라지만, 그렇게 되지 않아서 당신이 다시 방문하기를 원한다면 그것도 가능합니다. 이해하셨나요? 궁금한 사항이 더 있나요? 자, 그럼 이런 기준으로 상담을 진행할까요?

더 많은 회기를 할 수 있는 단회상담

현재 SST 학계에서의 일반적인 의견은 한 회기로 충분하지만 필요한 경우 더 많은 회기가 가능하다는 것이다. 예를 들어, 상담자는 "우리는 오늘 만나기로 동의했고, 우리가 함께 진심으로 집중하면 당신에게 맞는 방향으로 나아가는 데 도움이 될 겁니다. 그렇게 되면 당신은 상담을 마칠 때쯤 필요한 모든 것을 다 했다고 생각하게 될 겁니다. 그렇지 않다면 추가적인 도움을 받을 수 있습니다. 이런 기준을 갖고 진행해 볼까요?"라고 말할 수 있다.

한 번에 한 회(OAAT) 상담

OAAT 상담은 내담자가 한 번에 한 회기를 하는 상담이다. 상담자는 다음과 같이 말할 수 있다.

우리 상담실에서는 한 번에 한 회기를 제공합니다. 그래서 오늘 우리는 당신의 문제를 만족스럽게 해결하기 위해 함께 노력할 겁니다. 그다음 당신이 돌아가서 깨달은 것을 되새겨 보고 이해하고 실천해 보라고 권할 겁니다. 문제를 해결하려고 애썼는데 또 다른 회기가 필요하다고 생각되면 다시 연락해 추가 회기를 예약할 수 있습니다. 오늘 제가 당신을 만족스럽게 돕지 못한다면, 저나 저의 동료에게 다른 회기를 예약할 수 있습니다. 이해하셨나요?

고유한 특징

상담자의 SST 실제에 고유한 특징이 있다면, 상담자는 처음부터 이를 분명히 알리고 내담자의 동의를 구해야 한다. 예를 들면, 필자는 SST 실제에서 회기 녹음에 대한 허락을 받는다. 필자가 제공하는 SST 패키지에는 추후 검토할 수 있도록 내담자에게 회기의 디지털 녹음 파일과 축어록 사본을 보내는 것이 포함된다고 설명한다. 이렇게 하는 주된 이유는 내담자의 이익을 위한 것이지만, 필자가 본인의 상담 작업을 되돌아보고 필자가 제공하는 서비스를 개선하는 데도 도움이 된다는 것을 명확하게 밝힌다(Dryden, 2017).

제**20**장

시작하기

요약

이 장에서는 계약이 완료된 후 단회상담을 시작하는 다양한 방법을 살펴보겠다. 알다시피, 상담자와 내담자 사이에 회기 전 연락을 하는 경우와 그렇지 않은 경우는 시작하기가 다르다.

계약이 완료되면 상담자와 내담자는 회기를 시작할 준비를 한다. 상담자가 회기를 시작하는 방법은 부분적으로 내담자와 회기 전 연락을 했는지 여부에 따라 달라진다. 이 장에서는 두 가지 상황을 모두 다루도록 하겠다.

회기 전 연락을 하고 시작하기

상담자와 내담자가 회기 전에 연락하는 시간의 길이는 다양할 수 있다.[1] 이런 연락은 내담자가 많은 가능성을 가지고 한 회기를 하는 SST와 일치하는 기대를 갖고 있는지 확인하기 위해 5~10분 정도로 아주 짧게 진행된다. 또한 (앞서 언급한 것처럼) 내담자의 기대가 SST와 일치하는지 확인하는 것뿐만 아니라 내담자가 회기를 통해 더 많은 이익을 볼 수 있도록 상담자와 내담자가 회기를 준비하기 위해 더 길게 연락하기도 한다.

종종 회기 전 연락을 마무리할 때, 상담자가 내담자에게 회기 전 연락과 대면 회기 사이에 할 과제를 제안하기도 한다. 과제는 회기 전 연락과 대면 회기 사이의 가교 역할을 하며, 변화 과정을 시작하거나 또는 회기에 오기 전에 내담자에 의해 이미 시작된 변화 과정이 계속 이어지도록 해 준다. 일반적으로 SST 상담자가 하는 제안은 두 가지인데, 그것은 '알아차리기'와 '행동하기'다.

▌상담자가 '알아차리기' 과제를 제안할 때

Talmon(1990: 19)은 "저는 당신이 지금부터 첫 회기 사이에 앞으로 당신에게 계속 일어났으면 하는 일이 일어나는지 살펴보시기

---

1) 여기에서 말하는 연락은 전화 또는 화상통화로 이루어지는 것으로, 같은 공간에서 상담자와 내담자가 만나는 대면 만남을 의미하는 것이 아니다.

바랍니다. 이런 방법으로 제가 당신의 목표와 당신이 무엇을 하고 있는지 더 잘 알 수 있습니다."와 같은 예를 제시했다. 대면 회기가 시작될 때, 상담자는 "우리가 통화한 후에 어떤 변화가 있었나요?"라고 질문한다. 만약 내담자가 변화가 있었다고 답하면, 상담자는 다음처럼 질문할 수 있다.

- "그 변화를 일으키기 위해 무엇을 했나요?"
- "그 변화가 어떤 영향을 미쳤나요?"
- "만약 우리가 사전에 이런 변화에 대해 이야기하지 않고 이 회기가 끝날 때 이런 변화가 일어났다면, 당신은 변화가 일어난 것에 대해 어떻게 생각할까요?"

내담자의 대답은 회기에서 초점을 맞춰야 할 것과 관련해 상담자가 나아갈 길을 알려 준다.

▌상담자가 행동과제를 제안할 때

때로 회기 전 연락 중에 내담자가 이야기하는 내용이 그 연락과 대면 회기 사이에 내담자에게 무언가를 하도록 하는 상담자의 제안과 연결된다. 예를 들면, Harry는 자신보다 나이가 많은 사람의 의견에 불안해진다고 말했다. 현재 그는 가족과 함께 다른 지역으로 이사하고 싶은데 장인, 장모가 그런 자신을 못마땅해한다고 걱정하고 있었다. 필자는 그에게 이사에 대한 장인, 장모의 의견을 알고 있느냐고 물었고, 그는 '아니요'라고 답했다. 그래서 필자는 그

들이 반대할 때 그가 느낄 감정을 다루어 주겠다는 약속을 하고 대
면 회기를 하기 전에 그들의 의견을 알아보라고 제안했다. 대면 회
기를 하기 위해 만났을 때, 필자는 장인, 장모에게 그의 계획을 이
야기했을 때 무슨 일이 일어났는지 질문하는 것으로 시작했다.

상담자: 장인, 장모와 이야기해 보셨나요?

내담자: 제가 생각했던 것보다 훨씬 좋았습니다.

상담자: 어떤 일이 있었는데요?

내담자: 그러니까, 제가 말씀을 드렸는데, 제 생각대로였어요.
그분들은 이사 가는 걸 좋아하지 않으셨어요. 그런데
이야기를 하면서 제가 생각했던 것만큼 이것을 많이 신
경 쓰지 않는다는 걸 깨달았어요. 또한 제 의견을 이야
기하면서 아내를 잘 보살피겠다고 말씀드렸는데, 그
것이 그분들을 조금 안심시킨 것처럼 보여서 놀라웠어
요. 제가 생각한 것보다 더 좋은 조건이 되었죠.

상담자: 이런 변화를 가져오기 위해 무슨 일을 했나요?

내담자: 글쎄요, 선생님이 그렇게 해 보라고 했지만 가장 중요
한 건 제가 그렇게 하기로 결정했다는 거죠. 결정을 내
리니까 진정되더라고요.

상담자: 행동하기로 결정하는 것은 불안을 해결하는 좋은 방법
이죠.

내담자: 맞아요.

상담자: 변화를 가져오기 위해 또 무엇을 했나요?

내담자: 제 의견을 이야기한 것이 유용했다고 생각합니다.

상담자: 행동하기로 결정하고 자신의 의견을 이야기한 것이 이 상황에서의 핵심 요소군요. 우리가 회기에서 이야기할 때 이런 내용을 가장 먼저 염두에 두도록 합시다. 어때요?

내담자: 좋습니다.

상담자: 제가 이야기해도 될까요?

내담자: 그럼요.

상담자: 당신이 한 이야기에서 제가 인상 깊었던 것은 당신이 장인, 장모와 동등한 입장에서 이야기했다는 겁니다. 그건 어떻게 생각하세요?

내담자: (잠시 침묵) …… 와! 바로 그거였군요. 저는 제가 나이 드신 분들과 동등하다고 생각하지 않았어요.

상담자: 그렇다면 우리는 거기에 초점을 맞춰서 당신이 경험에서 얻은 것과 연결시켜야 할 것 같네요. 이해되세요?

내담자: 네, 알겠습니다.

이것은 SST에서 간단한 제안으로 많은 것을 얻을 수 있는 방법과 상담자가 과제에 대한 내담자의 경험을 활용하여 회기를 시작하고 거의 즉시 중심 주제에 초점을 맞추는 방법을 명확하게 보여 주는 예다. 또한 내담자가 자신의 경험을 되돌아보면서 놓치는 부분을 공유할 때 상담자의 전문적 지식이 중요하다는 것을 보여 주고 있다.

▌상담자가 내담자에게 회기 전 연락에 대한 요약을
이메일로 제공할 때

필자는 통합 인지행동치료 단회상담 실제에서(Dryden, 2017) 회기 전 전화 연락의 복잡한 내용을 글로 써 보는데, 이런 글쓰기는 성찰하는 데 도움이 된다. 이를 실행하고자 할 때 필자는 회기 전 연락을 마칠 즈음에 내담자에게 필자가 작성한 성찰기록지의 사본을 이메일로 받고 싶은지 묻는다. 거의 언제나 내담자들은 받고 싶다고 대답하는데, 그러면 필자는 내담자에게 이메일을 보낸다. 필자는 보통 이메일의 마무리 부분에서 내담자에게 내용을 되짚어보고 공감되는 것에 초점을 두고, 그것이 타당하다면 그 공감을 바탕으로 행동을 취해 보라고 요청한다.

대면 회기를 시작할 때는 다음의 방법 중 하나로 이메일을 언급한다.

- "제가 보내 드린 이메일 요약을 보셨나요?"
- "제가 쓴 것 중에 공감되는 것이 있었나요?" 만약 그렇다고 대답하면, "어떤 것이 공감되었나요?"라고 질문한다.
- "공감된 것을 바탕으로 어떤 것을 시도해 봤나요?"
- "이메일 요약을 읽은 후 당신의 문제와 관련해 어떤 변화가 있었나요? 변화가 있었다면, 그런 변화가 일어나도록 무엇을 했나요?"

내담자의 대답은 또 다시 회기에서 초점을 맞춰야 할 것과 관련해 상담자가 나아갈 길을 제시한다.

회기 전 연락 없이 시작하기

walk-in SST처럼 회기 전에 상담자와 내담자 간의 사전 연락이
없는 경우, 상담자는 다음과 같은 방법으로 회기를 시작할 수 있다.

▌문제 및 해결중심 SST

상담자가 문제 및 해결중심의 접근을 하는 경우 내담자에게 다
음과 같은 질문을 하면서 시작할 수 있다.

- "어떤 문제로 오셨나요?"
- "우리가 단 한 번만 만난다면, 그때 당신이 해결하고 싶은 문
  제는 무엇인가요?"(Haley, 1989)

▌해결중심 SST

해결중심의 접근을 취할 때, 상담자는 다음과 같이 질문할 수
있다.

- "만약 당신이 오늘 집에 돌아가서 이 회기가 도움이 되었다는
  생각이 든다면, 어떤 일이 일어날까요?"
- "오늘 무엇을 바꾸고 싶으세요?"(Goulding & Goulding, 1979)

• "오늘의 만남에서 가장 큰 희망 사항은 무엇인가요?"(Iveson, George, & Ratner, 2014)

두 경우 모두, 상담자는 내담자의 대답을 활용해 변화의 과정을 시작할 수 있다.

문제 및 목표 작업하기

요약

단일 회기 동안 SST 상담자가 어떤 주제에 관심을 가질 것인지에 대한 의견은 다 다르다. 어떤 상담자는 문제, 목표 및 해결책에 주의를 기울이고, 또 다른 상담자는 목표와 해결책에 관심을 보인다. 목표와 해결책을 고려하지 않고 내담자의 문제만 다루는 SST 상담자는 많지 않을 것이다. 이 장에서는 SST 상담자가 문제 및 목표를 어떻게 다룰 수 있는지 살펴보고, 제26장에서는 해결책을 다루는 방법을 살펴볼 것이다.

내담자가 상담을 받으러 올 때는 대개 어떤 문제가 있는 상태이고, 그런 상태에 대한 도움을 구하려고 온다. 이런 상태를 일반적으로 '문제'라고 부른다. 내담자가 상담을 통해 이루고자 하는 것은 문제가 없는 상태가 되거나 문제가 없는 상태로 돌아가는 것이다.

[그림 21-1] SST에서 내담자의 문제, 목표 및 해결책이 이어지는 과정

문제가 없는 상태를 일반적으로 '목표'라고 한다. '해결책'은 내담자
가 목표에 더 가까워지도록 문제를 다루는 수단이다. 훈련 워크숍
에서 필자는 이를 설명하기 위해 [그림 21-1]에 제시한 간단한 다
이어그램을 사용한다. 이 그림은 상담자가 문제에 초점을 두는 것
으로 시작하여 해결책을 합의하는 데 영향을 미치는 목표를 설정
하도록 내담자를 돕는 것을 보여 주고 있다. 그다음 내담자는 목표
에 더 가까이 가기 위해 합의한 해결책을 실행한다.

이 장에서는 SST 상담자가 문제와 목표를 어떻게 다루는지 설명
할 것이다. 이는 회기의 시작과 밀접한 관련이 있는 상담자의 임무
이기 때문이다. 해결책 관련 작업은 나중에 이루어지므로 이 책의
후반부에서 살펴볼 것이다(제26장 참조).

시작하기에 앞서, 일부 SST 상담자는 목표와 해결책만을 다루는
경향이 있다는 점(예: 해결중심 상담자)을 분명히 밝히고자 한다. 그
런 상담자는 문제를 다루는 것을 내담자의 부정적인 면과 잘못된 것
에 초점을 맞추는 것으로 보는 경향이 있으며, 목표와 해결책을 다
룸으로써 그들이 실질적으로 내담자의 긍정적이고 바른 면에 초점
을 두고 작업한다고 생각한다. 또 다른 SST 상담자는 내담자가 자신
의 문제에 대해 이야기하고 싶어 하므로 SST에서 문제를 이야기할
수 있도록 일정 시간을 집중해서 유용하게 사용해야 한다고 주장한

다. 그렇게 하면 내담자가 가지고 있는 문제가 무엇이고 내담자가 자신도 모르게 어떻게 그 문제를 유지하고 있는지 알 수 있기 때문이다. 물론, 이런 SST 상담자는 목표와 해결책도 함께 다룬다.

문제 다루기

내담자의 문제를 다룰 때, 상담자는 문제가 해결 가능하다는 것을 내담자에게 전하는 방식으로 수행해야 한다. 문제 다루기에는 ① 문제 확인하기, ② 주요 특징 평가하기라는 두 가지 구성요소가 있다.

▌문제 확인하기

내담자는 여러 문제를 가지고 SST에 올 수 있다. 이런 경우, 상담자와 내담자에게는 하나의 문제를 다룰 수 있는 시간만 주어지므로 상담자는 내담자가 문제 중 하나를 선택하도록 도와야 한다. SST에서 상담자가 내담자 문제를 확인할 때 할 수 있는 질문 목록은 다음과 같다.

- "당신은 오늘 어떤 문제를 해결하고 싶나요?"
- "오늘 우리가 같이 당신이 가진 문제 중 하나를 성공적으로 해결하고 집에 간다고 상상해 보세요. 어떤 문제를 해결하고 싶으세요?"

- "이 문제들 중에 해결해야 할 가장 중요한 문제는 어떤 건가
요?"[1]
- "우리가 오늘 당신의 문제 중 하나를 성공적으로 해결한다면,
어떤 것이 당신에게 중요한 진전이라는 느낌을 줄까요?"

▌문제 평가하기

내담자가 초점을 두어야 할 문제를 확인하면, 다음은 내담자가
그 문제를 평가할 수 있도록 돕는 단계다. 이런 평가는 부분적으로
상담자가 그 문제를 이해하기 위해 사용하는 전문적인 견해와 이
런 주제에 대한 내담자의 관점에 따라 달라진다.

필자는 단일 회기를 하면서 내담자 문제에서 드러나는 주요 역
경, 그들의 주된 문제적 정서, 건설적이지 않은 행동 그리고 심하게
왜곡된 사고를 열심히 알아본다. 또한 어떤 중요한 타인들이 그 문
제를 만드는 원인이 되는지에 대해서도 관심을 갖는다.

목표 합의하기

보통 내담자의 목표는 그들의 문제와 관련이 있다. 그러나 해결
중심 상담자들(예: Ratner, George, & Iveson, 2012)이 말한 것처럼,
상담자는 문제와 상관없이 내담자와 목표를 합의할 수 있다.

---

1) 내담자가 하나 이상의 문제를 언급했을 경우다.

▌내담자 문제에 대한 목표 합의하기

SST 상담자가 내담자의 문제와 관련해 내담자와 목표를 합의할 때, 목표 달성은 현실적이어야 한다. 만약 내담자의 문제가 사회적 상황에서 타인에게 부정적으로 판단되는 것에 대한 불안감이고, 그런 사회적 상황에서 자신감을 갖는 것을 목표로 정했다고 하자. 우선 내담자가 타인의 부정적인 판단을 생산적으로 다루기로 한다면 그 목표는 현실적이다. 그렇게 하지 않고 내담자가 그런 판단을 우회적으로 다루고 싶어 한다면, 타인이 부정적으로 판단하는 것에 대해 불안할 때 사회적 자신감을 갖기 어려울 것이므로 이는 비현실적이다. 이때 상담자의 임무는 내담자가 이를 이해하고 SST 목표를 '부정적인 사회적 판단을 생산적으로 다루는 것'으로 정하도록 돕고, 이를 설명해 주는 것이다. 이 예는 '문제 다루기' 목표와 '성장 촉진하기' 목표로 나눌 수 있다. 내담자가 '성장 촉진하기' 목표에 동의하고 추구하도록 돕기 전에 '문제 다루기' 목표를 추구하도록 합의하고 돕는 것이 좋은 원칙이다(Dryden, 2018b).

상담자는 다음과 같이 질문할 수 있다.

- "당신은 문제와 관련해서 어떤 목표를 이루고 싶은가요?" 이는 **성과목표**라고 하며, SST에서는 달성하지 못할 수 있다.
- 내담자가 성과목표를 설정할 때, SST 상담자는 다음과 같이 질문할 수 있다. "제가 오늘 당신이 목표를 달성할 수 있겠다고 생각할 만한 하나의 단계를 밟도록 도왔다면, 그건 어떤 것일까요?" 이는 **과정목표**라고 하는데, 성과목표보다 SST에 더

유용한 목표다. 또한 내담자에게 회기가 끝날 때 달성할 수 있는 목표를 정하도록 요청하기 때문에 **회기목표**라고도 한다.

• 회기목표는 SST 상담자가 선호하는 목표다.

▌내담자의 문제와 상관없이 목표 합의하기

상담자가 내담자의 문제와 상관없이 목표를 합의할 경우, 이전 장에서 살펴보았듯이 SST 과정을 시작할 때 목표설정 질문을 활용할 수 있다. 예를 들면, 필자가 제20장에서 Iveson, George와 Ratner(2014)가 제안한 "오늘의 만남에서 가장 큰 희망 사항은 무엇인가요?"라는 질문을 언급했는데, 이는 회기목표로 볼 수 있다. 또 다른 회기목표는 Talmon(1993: 40)이 제안한 것이다.

• "당신이 오늘 이루고 싶은 것은 무엇인가요?"

▌SMART 목표

목표를 문제와 관련해서 합의하든 안 하든, 목표는 'SMART'하면 좋다. SMART는 다음의 의미를 담은 약자다.

• S=구체적인(Specific)　구체적인 목표는 내담자가 목표로 하는 것이 무엇인지 확인할 수 있도록 충분히 명확해야 한다.
• M=동기부여가 되는(Motivating)　'M'은 보통 '측정할 수 있는'(measurable)을 의미하지만, SST에서는 '동기부여가 되는' (motivating)이 더 유용할 것이다. 특히 변화의 이유가 무엇인

지 분명히 해야 하는 경우에 그렇다.

- A=달성 가능한(Achievable) SST에서는 달성 가능한 목표만 설정한다.

- R=관련 있는(Relevant) 목표를 달성하려면 그 목표는 내담자 의 삶과 관련 있어야 한다.

- T=시간이 제한된(Time-bound) 목표는 일정 기간 내에 달성 할 수 있어야 한다. 가장 중요한 것은 회기가 끝날 때까지 목표 를 달성하지 못해도 내담자가 상담이 끝난 후에도 자신의 목 표를 알고 목표를 달성하기 위해 강점을 활용할 수 있다는 것 이다.

제22장

회기의 초점을 만들고 유지하기

요약

이 장에서는 상담자가 내담자의 문제, 목표 및 해결책과 관련된 초점 또는 목표 및 해결책에 관련된 초점을 만들어야 하는 것에 대해 설명하고자 한다. 특히 대화에서 초점을 벗어나려는 인간의 자연스러운 성향에 대해 논의하고, 내담자가 합의된 회기의 초점에서 벗어날 때 상담자가 해야 할 일은 정중하면서도 공손하게 중단시키는 것임을 논의하겠다. 상담자가 내담자를 중단시키는 것을 어려워하는 이유와 그렇게 하려면 무엇을 해야 하는지 살펴볼 것이다. 마지막으로, 내담자가 상담자가 하는 주요 질문에 대답하지 않음으로써 합의한 초점에서 벗어나려고 할 때는 어떻게 해야 하는지 살펴볼 것이다.

내담자와 상담자가 상담 작업을 시작하면, 그다음 해야 할 일은 회기의 초점을 만드는 것이다. 이 초점에는 여러 가지 요소가 있는데, 이를 연결하는 것이 상담자의 임무다. 상담자-내담자 양자의 초점은 앞 장에서 언급한 것처럼 문제, 목표 및 해결책으로 구성되거나 또는 목표와 해결책으로만 구성될 수 있다.

작업동맹에 대해 제13장에서 분명히 이야기한 것처럼, 상담자와 내담자는 문제에 대한 관점, 내담자의 목표 그리고 수용 가능한 해결책의 요건이 무엇인지에 대해 합의해야 한다. 따라서 상담자는 합의한 초점이 계속 유지되고 있는지 주기적으로 확인하는 것이 좋다. 회기가 진행됨에 따라 초점을 수정할 수 있지만, 너무 자주 수정하는 것은 좋지 않다.

헤매고 산만해지는 것은 자연스러운 인간의 성향

대부분의 사람은 그들이 하는 일과 목표가 그들에게 의미 있는 것이어도 그 일에 계속 집중하기 어렵다는 것을 알고 있다. 우리의 마음은 이리저리 왔다 갔다 하므로, 사람이 만트라[1]에 집중하고 있을 때 다른 생각이 마음에 떠오르는 것은 명상의 기본 법칙이다. 그래서 사람들은 이런 생각의 존재를 인정하고 그런 다음 다시 만트라에 집중하라는 조언을 받는다.

---

1) 역자 주: 기도나 명상 때 외는 주문

이런 과정은 대화에서도 나타난다. 사회적 의사소통을 할 때, 사람들은 마치 두 사람이 수다를 떠는 것처럼 한 주제에서 다른 주제로 여러 주제를 넘나든다. 한 가지 주제를 논의하고 결론을 내는 목적이 있는 대화에서도 사람들은 여전히 집중하지 못하고 초점에서 벗어나 헤매곤 한다. SST는 일종의 그런 목적적인 대화이며, 다른 사람들보다 더 쉽게 초점을 유지할 수 있는 내담자도 있겠지만 상담자는 초점을 만들고 유지하는 것을 어려워하는 내담자를 도와야 한다.

내담자는 두 가지 방식으로 회기의 합의한 초점에서 벗어난다. 하나는 내담자가 SST를 하기 위해서 문제가 일어난 상황에 대해 너무 많은 정보를 제공하는 경우고, 다른 하나는 특정한 것에 초점을 두는 것이 중요할 때 내담자가 특정한 것에서 일반적인 것으로 전환하는 경우다. 첫 번째 상황에서는 내담자가 함께 문제를 다루고 해결하는 데 도움이 될 정보만을 제공하도록 해야 한다. 두 번째 상황에서는 내담자를 특정 상황으로 되돌아가도록 해야 하는데, 주로 두 가지 방법으로 할 수 있다. 하나는 상담자가 내담자와 함께 두 사람이 여전히 잘 진행하고 있는지 확인하는 것이고, 또 하나는 상담자가 매우 공손하고 정중하게 내담자를 중단시키는 것이다.

공손하고 정중하게 중단시키기

많은 상담자가 어려워하는 일인 내담자를 중단시키는 것과 관련해 고려해야 할 사안은 여러 가지다.

▌내담자를 중단시키는 이유를 설명한다

내담자를 중단시키는 가장 쉬운 방법 중 하나는 그렇게 하는 이유를 내담자에게 알려 주는 것이다. 필자는 보통 다음과 같이 설명한다.

> 이처럼 회기를 최대한 활용하려면 상담자와 내담자 모두 내담자의 목표에 초점을 맞추고 유지하는 것이 중요합니다. 어떤 내담자는 초점을 맞추고 유지하는 것을 힘들어하며, 미처 깨닫지 못하고 바로 앞에 있는 합의한 주제에서 벗어나 헤맵니다. 이럴 때 상담자는 내담자가 원래의 궤도로 돌아오도록 돕기 위해 재치 있게 내담자를 중단시킬 필요가 있습니다.

▌중단시키는 것에 대해 내담자의 허락을 요청하고 허락받는다

이유를 설명한 후에 상담자는 내담자에게 중단시키는 것에 대한 허락을 요청해야 한다. "그런 일이 일어나면, 제가 당신을 중단시키고 합의한 주제로 돌아가도록 해도 될까요?"라고 묻는다. 일반적으로 집중하는 데 문제가 있는 내담자는 이를 인식하고 상담자가 그들을 중단시키는 것에 대해 제안하면 안도하면서 기꺼이 허락해 준다.

▌상담자가 내담자를 중단시키는 데 문제가 있을 때

상담자가 내담자를 중단시키려고 할 때 두 가지 어려움을 겪는다. 첫째, 많은 상담자가 내담자의 자기탐색 촉진을 매우 중요하게 여기며 내담자가 이 주제에서 저 주제로 헤매더라도 그들의 '흐름'을 방해하는 것은 역효과를 낳는다고 생각하는 것이다. 이런 관점은 SST에 도움이 되지 않는데, SST에서는 내담자가 폭넓은 방식으로 대화를 하도록 두기보다는 하나의 주제에 초점을 두기 때문이다.

둘째, 일부 상담자는 내담자를 중단시키는 것을 무례하다고 생각하는 것이다. 상담자가 무례하게 내담자를 중단시킨다면 그렇게 하는 것은 무례한 일이 될 것이다. 그러나 상담자가 내담자에게 이유를 설명하고 허락을 받은 후 재치 있게 중단시킨다면, 그것은 무례한 실행으로 여겨지지 않으며 SST에서 좋은 실행이 된다.

내담자가 중요한 질문에 답을 하도록 하거나 방법 바꾸기

SST 상담자가 형성된 회기의 초점 안에서 내담자에게 중요한 질문을 하는데 내담자가 그 질문에 대한 답을 하지 않는다면, 상담자는 내담자의 주의를 환기시켜 내담자가 답하도록 요청해야 한다. 내담자가 계속해서 질문에 대답하지 않는다면, 상담자는 그 이유를 알아봐야 한다. SST의 시간 제약 안에서 내담자의 반응을 고려해야 하므로, 상담자는 이런 제약을 감안해 그 질문을 계속할 것인지 여부를 판단해야 한다. 내담자가 해결책을 찾는 데 도움이 되는 다른 방법이 있다면, 그 방법으로 해야 한다. SST 과정의 다른 부분과 마찬가지로 여기에서의 핵심은 유연함이다.

제23장

작업하기

요약

이 장에서는 Hoyt(2000)가 언급한 SST 상담자가 상담과정의 중간 단계에서 하는 일, 즉 재초점과 변화에 대해 살펴볼 것이다. 단회상담 세 주요 학파의 상담자가 이 단계에서 무엇을 하는지 제시하면서 논의하겠다.

회기의 초점을 맞춘 후 상담자와 내담자가 하는 일은 회기 안에서 내담자의 변화를 촉진하는 가장 좋은 방법이 무엇인지에 대한 SST 상담자의 관점에 따라 달라진다. 제5장에서 논의했듯이, SST 접근법은 따로 없다. 대신 상담자가 상담과정에 가져오는 마음가짐이 있고, 이런 마음가짐은 다양한 치료적 아이디어와 지향을 따르는 상담자에 의해 적용된다. 공통점은 상담자가 다양한 내담자 변인을 끌어내고, 내담자가 문제를 해결하고 목표를 달성할 해결책을

찾는 동안 또는 상담과정에서 중요한 첫 단계를 수행하고 회기 이후
에도 내담자 스스로 계속할 수 있는 해결책을 찾는 동안 그 변인들
을 활용하도록 격려하는 것이다. 다른 점은 앞서 말했듯이 상담자
가 이를 행하기 위해 가져오는 방법이 다양하다는 것이다. 그래서
그런 다양함을 나타내기 위해 이 장을 '작업하기'라고 명명하였다.

작업하기: SST의 세 학파

치료적 학파는 상담 실제에 영향을 미치는 일관된 생각을 공유
하는 다수의 특정한 치료적 접근법으로 구성되어 있다. 이런 접근
법들에는 외부인은 거의 알아챌 수 없는 차이가 있는데, 그런 차이
가 내부인에게는 매우 중요할 수 있다.[1] 다른 곳에서 필자는 세 주
요 치료적 학파를 설명하기 위한 명칭으로 '건설적' '적극적-지시
적' '다원적'이라는 용어를 사용했다(Dryden, 2019a). 이 장에서는
이런 세 학파에 속한 SST 상담자가 단회상담의 중간 단계에서 작업
하는 방법에 대해 설명할 것이다.

▌작업하기: '건설적' 학파
Hoyt 등(2018a: 14)은 건설적 SST 학파의 접근법이 본질적으로

---

1) 이에 대한 예로, 해결중심 상담과 해결지향 상담 간의 차이를 논한 Gonzalez, Estrada와
O'Hanlon(2011)의 연구를 참조하라. 부분적으로 O'Hanlon은 해결중심 상담과 구별하
기 위해 해결지향 상담의 명칭을 가능성 상담으로 바꾸었다.

"비병리적이고, 해결중심적이며, 협력적이거나 서술적"이라고 말한다. 이 학파의 상담자는 내담자가 문제에 대한 해결책을 찾고 실행할 때 종종 무시하거나 간과하는 내담자 자신의 지식을 활용하도록 돕기 위해 그들의 전문지식을 활용한다. 이런 상담자는 문제에 초점을 맞추지 않거나 내담자에게 문제 및 그 문제를 다루는 방법 또는 해결책을 선택하는 최상의 방법 및 목표를 달성하는 방법에 대한 관점을 제공하지 않는다. 이 학파의 상담자는 확실히 내담자 중심이다(Dryden, 2019a). 건설적 상담자가 SST 중간 단계에서 수행하는 작업 방법의 예는 다음과 같다.

　　예외 확인하기　　상담자는 내담자에게 문제에 대한 예외를 찾아보고 내담자가 문제를 '문제가 되지 않는 것'으로 만들기 위해 무엇을 했는지에 주의를 기울이도록 격려한다. 내담자의 실행 전략이 확인되면 상담자는 내담자와 함께 그 전략을 시도하고 개발하는 작업을 한다(Ratner et al., 2012).

　　이미 목표를 달성한 예 확인하기　　앞에서 살펴본 것처럼, 예외 확인하기는 문제가 프레임 안에 있어야 한다. 부분적으로 이런 이유 때문에 해결중심치료(SFT) 상담자들은 이 방법에서 벗어나 SFT의 철학에 더 부합되는 방법으로 바꾸었다. 그 방법은 내담자가 목표에 도달했던 예를 확인하도록 격려하는 것이다. 일단 확인이 되면 상담자는 내담자가 자신의 목표를 달성하기 위해 무엇을 했는지 확인하도록 돕고, 전략을 찾으면 앞서 말한 것처럼 내담자가 앞으로 그런 전략을 활용하도록 격려한다.

　　다른 영역에서 간과한 유용한 전략을 확인하고 활용하기　　필자는 비난에 힘들어하는 내담자(SST 내담자는 아님)와 상담을 한 적이 있다. 한 회기에서 내담자가 상사에게 비난받는 것에 대한 불안을 다룰 수 있도록 도왔는데, 다음 회기에서 내담자는 장모에게 비난받는 것에 대한 불안을 호소했다. 요인들이 거의 같았기 때문에 필자는 내담자에게 상사의 비난으로 생기는 불안을 다루는 방법에 대한 논의에서 배운 것을 실행해 보았는지 질문했다. 그는 "아뇨, 안 했어요. 그건 생각 못했는데요. 그렇게 할 수 있다는 것을 알았으면 그렇게 했을 거예요."라고 대답했다. 이것은 필자에게 큰 교훈을 주었다. 내담자에게 맡겨 두면, 많은 내담자가 한 상황에서 다른 상황으로 학습의 자발적인 전이를 잘하지 못한다. 이런 일반화는 상담과정에 포함시켜야 한다. 이것이 건설적 상담자가 하는 일이다. 상담자는 내담자가 다른 문제를 해결하는 데 활용했던 전략을 탐색하고, 이 전략 중 어떤 것을 문제와 관련된 목표를 달성하는 데 활용할 수 있는지 살펴보도록 돕는다.

▌작업하기: '적극적-지시적' 학파

'적극적-지시적' 학파에 속한 SST 상담자는 건설적 상담자보다 문제를 더 많이 다루고, 사람들이 문제를 어떻게 만들고 유지하는지 그리고 이런 문제를 어떻게 효과적으로 다룰 수 있는지에 대한 상담자의 관점을 상담과정에 활용한다는 점에서 '건설적' 학파에 속한 상담자와 다르다. 다원적 학파를 살펴볼 때 더 자세하게 논의하겠지만, 이런 상담자는 협력의 정신과 작업동맹과 관련해(제13장 참조) 두 가지 일을 한다. 첫 번째 일은 상담자가 문제 및 문제를 다루는 방법에 대한 자신의 관점을 이야기하기 위해 내담자에게 허락을 구하는 것이고, 두 번째 일은 상담자가 내담자의 여러 요인들을 활용하도록 요청하는 것이다.

Hoyt 등(2018a)은 SST의 적극적-지시적 접근의 예로 REBT/CBT, 재결정/게슈탈트, 정신역동 그리고 몇 가지 형태의 전략적 치료를 들었다. 필자는 적극적-지시적 접근과 건설적 접근 간의 차이보다 적극적-지시적 접근들 간의 차이가 아이디어 내용 면에서 훨씬 더 크다고 생각한다. 이 점을 고려해, 적극적-지시적 학파에 속하는 REBT/CBT를 대표해 필자가 단회상담의 중간 단계에서 수행하는 것이 무엇인지 개요를 설명하겠다(Dryden, 2017; 2018a 참조).

필자의 실제: 문제 평가하기　내담자와 필자가 초점을 두어야 할 문제에 동의하면 필자는 REBT의 'ABC' 구조를 이용해 문제를 평가하는데, 이는 그렇게 해도 좋다는 내담자의 허락을 받고 진행한다. 필자는 이것이 문제를 이해하는 한 방법일 뿐이지 유일한 방법은 아니라는 점을 강조하고, 이에 대한 내담자의 의견과 문제 및 문제 유지와 관련된 요인에 대한 내담자의 이해에 관심을 둔다. 문제를 다루는 작업을 할 때, 필자는 내담자에게 문제의 예를 들어 달라고 요청한다. 그것은 최근에 일어난 것, 생생한 것, 전형적인 것 또는 예상되는 것일 수 있다. 필자는 특히 예상되는 문제의 예를 가지고 작업하는 것이 유용하다는 것을 알게 됐는데, 이는 내담자가 과거 예의 평가에서 학습한 것을 가져와 예상되는 예에 적용하는 것보다 우리가 작업하기로 선택한 (즉, 예상되는) 상황에 학습한 내용을 적용하는 것이 더 쉽기 때문이다. 필자는 내담자에게 이렇게 하

는 근거를 제시하지만, 궁극적으로는 이 문제에 대한 내담자의 선택을 따른다.

'ABC' 구조에서 'A'는 내담자의 문제에 특징적으로 드러나는 주된 역경을 의미하고, 'B'는 내담자가 역경에 대해 갖고 있는 기본적으로 경직되고 극단적인 태도를 의미하며, 'C'는 기본 태도를 유지하는 데 따른 정서적 · 행동적 · 인지적 결과를 의미한다. 필자는 보통 'C' 'A' 'B'의 순서로 평가한다. 내담자의 역경을 정확히 파악해야 작업이 더 잘 진행되기 때문에 필자는 종종 (Dryden, 2018a에서 보듯이) 'A'를 정확히 파악하는 데 꽤 많은 시간을 할애한다.

역경과 관련된 목표 정하기   회기 초기에 회기에 대한 내담자의 목표를 물었어도, 역경을 찾아낸 후 내담자에게 그 역경에 대처하는 목표를 물어봐야 한다. 필자는 본인의 SST 상담을 역경에 초점을 맞춘 상담으로 설명하곤 하는데, 이는 내담자가 확인된 역경을 효과적으로 다룰 수 있도록 돕거나 그렇게 하는 데 중요한 단계를 밟도록 도울 수 있으면 SST 상담자로서의 목표를 달성했다고 생각하기 때문이다.

필자의 실제: 내담자가 태도 변화 과정을 시작할 수 있도록 돕기   필자는 필자와 함께하는 첫 번째이자 아마도 유일한 회기에서 내담자의 태도가 바뀔 거라고 기대하지 않는다. 그러나 내담자가 변화를 향한 첫걸음을 내딛도록 도울 수 있고, 그렇게 함으로써 장기적으로 내담자가 얻는 이익은 놀라울 만큼 많다(Dryden, 2018a 참조). SST에서 태도 변화를 촉진하는 여러 방법이 있는데, Dryden(2017)과 Dryden(2018a)을 참조하기 바란다.

필자는 나머지 장에서 본인이 한 단회상담의 다른 측면을 다루도록 하겠다.

▌작업하기: '다원적' 학파[2]

앞서 살펴본 건설적 접근과 적극적—지시적 접근 간의 차이는 흑과 백처럼 꽤 분명해 보이지만, 실제로 그 차이가 그렇게 명확하지는 않다. 따라서 필자는 스스로를 '건설적' 진영보다는 '적극적—지시적' 진영에 가깝다고 생각하지만, SST에서는 '건설적' 실행과 더 밀접하게 연관되는 두 가지 일을 한다. 먼저, 필자는 내담자에게 문제에 대한 필자의 견해와 문제를 다루는 방법에 대해 관심이 있는지 물어보고, 내담자가 그렇게 하는 데 동의할 때만 진행한다. 그렇게 할 때 필자는 이런 두 가지 점에 대한 내담자의 의견을 묻고, 함께하

---

2) 다음은 SST와 관련된 몇 가지 다원적 원칙이다(Dryden, 2019a, pp. 114-115에서 발췌).
- 내담자의 문제와 해결책을 이해하는 절대적으로 옳은 단 하나의 방법은 없다. 내담자마다 다른 관점이 유용하다.
- SST를 실행하는 데 절대적으로 옳은 단 하나의 방법은 없다. 내담자마다 필요한 것이 다르므로 SST 상담자는 광범위한 실행 목록을 가지고 있어야 한다.
- SST 영역에서의 논쟁과 의견 차이는 부분적으로 '양자택일'이 아니라 '양자 모두'의 관점을 취함으로써 해결할 수 있다.
- SST 상담자는 각자 서로의 상담 작업을 존중하고 그 가치를 인식해야 한다.
- SST 상담자는 내담자의 다양성과 고유성을 온전하게 인식하고 인정해야 한다.
- 내담자는 SST의 전 과정에 충분히 참여해야 한다.
- 내담자는 자신의 약점뿐만 아니라 강점과 자원에 대해서도 잘 알고 있어야 한다.
- SST 상담자는 연구, 개인적 경험, 이론을 포함하여 SST 실행 방법에 대한 다양한 지식 자원에 충분히 개방적이어야 한다.
- SST 상담자는 자신의 이론과 실제에 대해 비판적인 관점을 취해야 한다. 즉, 특정한 위치에서 자신이 행한 것을 기꺼이 살펴보고 그것에서 물러설 수 있는 능력을 갖고 있어야 한다.

는 작업에 내담자의 의견을 반영하려 한다. 다음으로, 문제와 관련
해 내담자와의 회기 전 연락에서 확인한 내담자 요인들을 적극적으
로 파악하고 활용한다. 그래서 필자는 스스로를 적극적–지시적 SST
상담자로 규정하지만 '건설적' SST 원칙의 영향을 받고 이를 따른다.

필자가 생각하기에 적극적–지시적 진영보다는 건설적 SST 진영
에 더 가까운 Moshe Talmon이 그의 SST 실행에서 다원적 특성의
좋은 예를 보여 주고 있다(Talmon, 2018: 153). 그는 내담자와 작업
을 할 때, 같은 회기 안에서도 경우에 따라 다음과 같이 한다.

- 공감적 경청을 통해 내담자의 이야기를 검증하고 같은 줄거리
  안에서 문제가 되는 요소에 이의를 제기한다.
- 희망감이나 현실적인 낙관을 높이고 내담자가 가혹한 현실의
  특정 부분을 받아들이도록 돕는다.
- 회기의 어느 부분에서는 중립적인(때로 수동적이고, 침묵하는) 경
  청을 하고 다른 부분에서는 적극적이고 집중적인 질문을 한다.
- 회기의 어느 시점에는 비지시적으로 하고, 다른 때에는 처방
  적인 지시를 한다.

SST 분야가 발전해 감에 따라, 필자는 건설적 학파에 속한 상담
자와 적극적–지시적 학파에 속한 상담자가 내담자의 강점을 확인
하고 통합하는 방식으로 상담 작업 안에서 서로의 장점을 인정하
고 적용하는 법을 배우기 바란다. 그렇게 되면 아마도 SST 분야에
서 다원적 실행이 우세해질 것이다.

제24장

내담자 변인 활용하기

요약

이 장에서는 SST 상담자가 내담자의 변화과정을 돕기 위해 회기에서 내담자 변인을 활용하는 방법에 중점을 두고 설명할 것이다. 상담자가 내담자의 강점을 활용할 때 할 수 있는 질문, 문제를 해결하기 위해 했던 이전의 시도들, 문제를 다루거나 목표를 달성하는 데 있어 역할모델을 보여주는 예를 제시할 것이다.

단일 회기 작업은 대부분 내담자 역량 강화 원칙에 기반을 둔다. 이 관점은 내담자가 삶에서 길을 잃거나 어려움에 처해 있으며, 자신의 강하고 회복력 있는 부분을 활용하지 못하고 있다고 본다. 상담자의 주요 임무는 내담자가 자신의 건설적인 부분과 다시 연결되도록 돕고, 내담자가 목표를 이루거나 어려움에서 벗어나기 위해 그런 부분을 적용할 수 있는지 확인하는 것이다. 제18장에서 이 야기한 것처럼, 예약이 되는 SST에서는 상담자가 함께 작업하여 회 기를 최대한 활용하도록 돕기 위해 고안된 대화를 내담자와 나눌 기회가 있다. 그러나 walk-in SST에서는 단일 회기가 진행될 때 상 담자가 '그 자리에서' 성장 가능한 내담자 변인들을 확인해야 한다.

제7장에서 이러한 내담자 변인들에 어떤 것이 있는지 살펴보았 는데, 이 장에서 참조할 수 있도록 요약자료로 제시한다.

SST에서 중요한 내담자 변인들
- 내적 강점
- 가치관
- 문제를 해결하기 위해 했던 이전의 시도
- 다른 문제에 대처한 성공적인 시도
- 타인을 돕는 것
- 타인의 도움을 받는 것
- 역할모델
- 지침
- 외부 자원

다음은 SST에서 내담자 변인의 활용 방법을 보여 주는 몇 가지 예다.

내적 강점 활용하기

- "우리가 통화할 때 당신이 말한 강점 중에 어떤 것이 상사가 당신을 이용하려 할 때 당당히 말하는 데 도움이 될까요?"

내담자가 자신의 말한 강점을 기억하지 못하면, 상담자는 다음과 같이 상기시켜 줄 수 있다.

- "끈기와 타인의 관점에서 사람을 이해하는 능력, 이 두 가지가 당신의 주된 강점이라고 말했어요. 이 두 가지 중 하나 또는 둘 다 당신이 상사에게 당당히 말하는 데 도움이 될까요?"
- "우리가 통화할 때 말한 강점을 적어 놨어요. 여기 적은 것이 있네요. 이 강점 중 어떤 것이 상사에게 맞서는 데 도움이 될까요?"

내담자가 특정한 강점을 말하면, 상담자는 이렇게 질문할 수 있다.

- "그러니까 타인의 관점에서 사람들을 이해하는 것이 상사가 당신을 이용하려 할 때 상사에게 맞서는 데 가장 도움이 되는 강점이군요. 당신은 그런 상황에서 그 강점을 어떻게 활용할 건가요?"

내담자가 특정한 강점을 일반화하고 그것을 구체적인 상황에서 어떻게 활용할 것인지 명시하도록 돕는다.

문제를 해결하기 위해 했던
이전의 시도들 활용하기

상담자인 필자와 내담자가 했던 대화가 다음에 제시되어 있다. 이는 상담자가 보다 더 나은 해결책을 찾기 위해 내담자가 문제를 해결하려고 했던 이전의 시도를 어떻게 활용하는지 보여 준다. 여기에 나오는 내담자는 데이트를 할 때 사회적 불안으로 힘들어하고 있었다.

상담자: 당신은 과거에 시도했던 몇 가지 일, 그러니까 대화할 주제를 미리 준비하고 취미를 물어보는 것 같은 일은 도움이 되지 않았다고 했는데요. 왜 그런 것들이 도움이 되지 않았다고 생각하세요?

내담자: 글쎄요, 그냥 아주 진부하게 여겨졌어요.

상담자: 또 당신은 다른 사람이 정말로 관심을 갖고 있는 것에 대해 사유롭게 질문한 것이 도움이 되었다고 했는데요. 어떤 것이 도움이 되었나요?

내담자: 음, 처음에는 집중력이 떨어졌어요. 그렇지만 그 사람이 말을 하기 시작하고 제가 진심으로 관심을 보였더니 그는 기분이 좋아 보였어요. 그다음엔 저의 관심사에

대해 묻더군요. 그래서 우리는 좋은 대화를 나눴어요.

상담자: 그렇다면 그 두 전략 간에 차이점이 뭘까요?

내담자: 첫 번째 전략은 진짜 관심이 있었던 것이 아니고, 두 번째는 진짜 관심이 있던 것이지요.

상담자: 자, 그렇다면 데이트에 대한 두려움을 극복하는 데 이 통찰을 어떻게 사용할 수 있을까요?

내담자: 진심으로 상대방에게 관심을 갖는 거요.

상담자: 그럼 그걸 어떻게 할 수 있을까요?

내담자: 상대방에게 정말로 좋아하는 것에 대해 이야기해 달라고 하면 되지요.

이 대화에서 필자의 개입은 주로 개방형이었음을 주목하라. 필자는 먼저 내담자에게 도움이 되지 않았던 시도가 무엇이었는지 말해 달라고 했고, 그다음 도움이 되었던 시도를 설명해 달라고 요청했다. 그런 다음 필자의 개방형 접근이 효과가 없었다면 제시했을 해석을 하기보다 두 시도 간의 차이점이 무엇인지 질문했다. 그리고 내담자에게 자신이 얻은 통찰을 어떻게 실천할 수 있을지 생각해 보라고 요청했다.

지명한 역할모델 활용하기

다음은 필자가 내담자와 나눈 또 다른 대화다. 여기에서 필자는

내담자의 역할모델 중 하나를 효과적으로 활용하였다. 내담자는
과거의 문제해결 시도들이 아무런 성과를 거두지 못했다고 생각하
고 있었는데, 어머니가 그에게 무리한 요구를 할 때 거절하는 것에
죄책감을 느꼈기 때문이다.

> **상담자:** 이전에 시도했던 것이 아무런 도움이 되지 않았나요?
> 조금도요?
>
> **내담자:** 네, 조금도요. 술이 잠깐 도움이 되긴 했지만 그 방법을
> 계속 사용하고 싶지는 않았어요.
>
> **상담자:** 이해해요. 이 회기를 잘 활용하기 위해서 먼저 했던 전
> 화 통화에서 제가 당신의 역할모델이 누구냐고 질문했
> 었는데, 기억하시나요?
>
> **내담자:** 네, 기억해요. 제가 기억하기론 세 사람을 말했어요.
>
> **상담자:** 당신이 말한 세 사람 중 누가 고심 끝에 그 문제를 해결
> 할 수 있을까요?
> (고심 끝에 문제를 해결한다는 방안을 소개한 점에 주
> 목하라. 필자는 가장 영향력 있는 역할모델은 문제와
> 씨름하고 나서 그 문제를 극복한 사람이라고 생각한
> 다. 이것은 현실에 기초해야 한다.)
>
> **내담자:** 제 조카, 라파엘이요.
>
> **상담자:** 그렇게 말하는 이유는 뭔가요?
>
> **내담자:** 음, 라파엘은 자기 어머니와 비슷한 문제가 있었는데,
> 용케 '아니요.'라고 말했거든요.

상담자: 그는 어떻게 그렇게 할 수 있었을까요?

내담자: 음, 조카는 어머니에게 '아니요.'라고 말하고 그 이유를 설명하곤 했어요. 그의 어머니가 무리한 요구를 하면 조카는 눈을 굴리곤 했는데, 어머니가 요구하는 것을 왜 해 줄 수 없는지 반복해서 이유를 설명했어요.

상담자: 조카는 죄책감을 느끼지 않기 위해 무엇을 할까요? 무슨 생각을 할까요?

내담자: 조카는 자기가 좋은 아들이며, 어머니가 화가 나셨다면 그건 안 된 일이지만 그렇다고 그것이 그의 입장을 막을 수는 없다고 생각했을 것 같아요.

상담자: 좋아요. 당신은 라파엘에게서 무엇을 배울 수 있을까요?

내담자: 제가 분명하고 상냥하다면…… 라파엘은 상냥하거든요. 제가 좋은 아들이라는 것을 마음속에 떠올릴 겁니다. 그리고 어머니가 제가 좋은 아들이 아니라고 암시하거나 그런 말을 할 때 어머니의 행동이 진짜 무엇 때문인지 알 것 같아요. 나를 통제하려는 시도네요.

상담자: 그런 관점을 실행으로 옮길 수 있겠어요?

내담자: 할 수 있을 것 같아요.

필자는 회기에서 내담자가 함께 이 해결책을 연습해 보도록 격려하였다(제27장 참조).

제25장

영향력 만들기

요약

이 장에서는 SST에서 회기가 내담자에게 미치는 영향력을 높이는 방법을 제시하겠다. 그러나 SST 작업의 영향력을 높이려고 할 때 상담자가 주의해서 다루어야 할 몇 가지 '적신호'를 먼저 살펴보고자 한다.

필자가 분명히 밝혔듯이 SST에는 몇 가지 원칙이 있다. 그 원칙들은 다음의 간결한 문구로 표현할 수 있다.

- '급할수록 천천히 한다.' 이는 SST 상담자가 서두르면 꾸준한 속도로 할 때보다 진척이 덜 된다는 의미를 담고 있다.
- '빠를수록 더 좋다.' 이는 내담자가 한 번의 회기로 빠르게 상담하는 것이 더 많은 회기를 하기 위해 긴 대기자 명단에 올라 있

는 것보다 낫다는 의미를 담고 있다.

- **'더 많을수록 더 적어진다.'** 이는 SST 상담자가 회기에서 많은 것
  을 다루고 내담자가 많은 것을 가지고 돌아가기를 바라는 것
  은 내담자가 즉각적으로 실행할 수 있는 한 가지 중요한 것을
  가지고 가는 것보다 효과적이지 않다는 인식을 담고 있다.

이런 간결한 문구가 길게 설명하는 것보다 원칙을 더 잘 기억하
게 만들며, SST 수련 상담자들에게 더 효과적이라고 생각한다. 이
것이 이 장의 요점이다. 상담자가 단일 회기의 영향력을 높이면, 영
향력이 약할 때보다 내담자가 회기에서 혜택을 받을 가능성이 더
커진다.

먼저 살펴볼 몇 가지 적신호

이 장을 좀 더 영향력 있게 만들기 위해 먼저 몇 가지 경고를 살
펴보겠다.

▌적을수록 더 좋다

내담자가 상담자의 똑똑하고 '강력한' 개입들에 과부하가 걸리지
않도록 해야 한다. 내담자는 자신에게 중요한 한 가지 강력한 포인
트를 가지고 돌아가는 것이 가장 큰 영향력을 가진 포인트를 포함
해 대부분 곧 잊힐 여러 가지를 가져가는 것보다 더 낫다.

▌내담자를 정서적으로 지나치게 자극하지 않는다

좋은 SST 회기는 내담자의 정서를 끌어내 내담자가 이를 느끼고 동시에 다룰 수 있도록 한다. 너무 많은 정서는 생각을 멈추게 한다. 너무 적은 정서는 상담자와 내담자 모두에게 흥미롭긴 하지만 비생산적이고 이론적인 토론을 하게 만든다.

▌영향을 미치려고 하지 않는다

SST 상담자가 의도적으로 영향을 미치려고 하면 할수록 영향을 미칠 가능성은 더욱더 적어진다. 이것은 '더 많을수록 더 적어진다.'는 원칙의 또 다른 버전이다.

▌다른 상담자의 기법을 모방하지 않는다

SST에서 자주 활용되는 몇 가지 기법이 있지만(Dryden, 2019a 참조), 특정한 내담자에게 영향을 미칠 기법을 써야 할 때는 다른 상담자의 기법을 사용하지 않는 것이 좋다. 이 점에 있어서는 '맞춤복'이 '기성복'보다 더 좋다.

▌내담자에게 어떤 영향을 미칠지 전혀 알 수 없다

필자가 SST 상담자가 되어서 흥미로운 점 중 하나는 무슨 일이 일어날지 전혀 알 수 없다는 것이다. 내담자에게 영향을 줄 것으로 생각한 것이 영향을 주지 못하고, 반대로 전혀 예상하지 못했던 것이 영향을 주기도 한다. 이것이 상담자가 영향을 주는 작업을 단념하지 않는 결정적인 이유다.

단일 회기의 영향력을 높이는 방법

앞에 열거한 경고를 염두에 두고, SST 상담자가 내담자와 함께하는 상담의 효과를 높일 수 있는 방법들을 살펴보자.

▮ 내담자 정서의 미묘한 차이 이해하기

내담자는 상담자가 자신의 정서의 미묘한 차이를 알아차리고 이해한다고 느끼면, 적절한 수준의 정서적 참여로 해결책을 찾을 수 있다.

▮ 강조하기 위해 목소리와 제스처 사용하기

상담 회기에서 상담자가 거의 표정 없이 말하고 가만히 앉아서 진행하는 경우가 많다. 상황에 따라 이렇게 하는 상담이 적절할 수도 있지만, 내담자에게 영향을 주지는 못할 것이다. 필자는 상담을 하면서 목소리 톤을 조금씩 바꾸고, 손을 꽤 많이 사용하는 편이다. 특히 특정 포인트를 강조하기 위해 형광펜을 사용하는 것처럼 목소리를 사용하기도 한다.

▮ 내담자가 쓰는 단어 사용하기

내담자가 골치 아픈 경험을 말하면서 어떤 특정 단어를 사용하면, 상담자도 추후 개입을 할 때 '그것'과 같은 모호한 단어를 사용해 영향력을 감소시키기보다 내담자가 사용한 단어를 동일하게 사용하는 것이 좋다.

▌내담자의 이미지를 확인하고 상담 작업하기

내담자의 정서가 담긴 이미지를 가지고 작업하는 것은 특히 효과적이다. 묻지 않아도 내담자가 항상 그에 대해 말하는 것은 아니기 때문에 상담자는 이미지를 가지고 작업할 수 있도록 이미지에 대해 물어봐야 한다.

▌자기노출 활용하기

상담자의 자기노출은 내담자에 따라 깊은 영향을 줄 수도 있고 주지 못할 수도 있다. 상담자는 ① 경험을 노출하기 전에 내담자의 허락을 구하는 것과 ② 성공에 앞서 겪은 어려운 경험만을 공유하고 어려움에서 성공으로 가는 길을 보여 주는 것, 두 가지 중요 사항을 명심해야 한다.

▌시각적 기법 사용하기

시각적인 방법은 기억에 남기 때문에 강한 영향력이 있다. 예를 들면, 필자가 체중 문제를 가진 내담자와 상담을 했을 때 그녀는 한 모임에서 음식을 막 퍼 담는 자신의 손을 통제할 수 없었다고 이야기했다. 필자는 그녀에게 손이 어떻게 했는지 보여 달라고 요청하고, 그대로 따라 했다. 그녀는 매우 재미있어 했는데, 그것은 나중에 그녀가 음식과 관련된 충동을 다룰 때 사용하는 이미지가 되었다.

▌유머 사용하기

상담자가 유머 감각이 있고 내담자가 유머에 잘 반응하면, 유머는 영향력을 높이는 효과적인 방법이 될 수 있다. 유머를 사용하도록 상담자를 훈련하는 것은 가능하지만, 그들이 유머러스하게 되도록 훈련하는 것은 가능하지 않다.

▌관련 'YouTube' 동영상 보여 주기

SST 실행과 관련된 'YouTube' 영상이 있다.[1] 그 영상은 다르게 해 보는 것의 중요성을 강렬한 방식으로 보여 주고 있는데, 그 영상의 요점은 많은 SST 내담자가 똑같은 옛날 방식을 고수하고 똑같이 지겨운 결과를 얻고 있기 때문에 배움이 중요하다는 것이다. 하지만 어떻게 해야 내담자가 이 점을 잘 이해할 수 있을까? 필자는 이점을 멋지게 전달하는 YouTube 영상을 발견했다.

> 한 아빠가 아주 어린 딸에게 '5'까지 세도록 격려하고 있다. 딸은 "1, 2, 3, 5"라고 말한다. 당연히 아빠는 딸에게 "아니지, 얘야. 1, 2, 3, 4, 5라고 해야지."라고 약간 강조하면서 올바르게 말해 준다. "아니야, 아빠. 1, 2, 3, 5야."라고 어린 딸이 대답한다. 아빠는 전처럼 바로잡아 주고, 딸은 전처럼 대답한다. 이것을 몇 번 반복한 후, 아빠는 손가락을 사용해 '4'가 빠진 것을 강조하면서 '1, 2, 3, 4, 5'에서 '4'를 말로도 강조한다. 점점 격앙된 아빠는 자신의 권위를 내세운다. "잘 들어 봐, 내가 이것

---

1) www.youtube.com/watch?v=ZtUPKekDY7M(2018년 11월 7일 업로드)

을 매일 가르쳤어. 내가 선생님이야. '1, 2, 3, **4**, 5.'"라고 강하게 말한다. 딸도 똑같이 강하게 "아니야! 1, 2, 3, 5야."라고 대답한다. 이 시점에서 아빠는 고개를 가로저으며 패배를 인정하고 떠난다. 그때 엄마가 이 상황에 들어온다. "애야, 아빠가 맞아. 1, 2, 3, 4, 5야." "아니야, 엄마. 1, 2, 3, 5야." 이렇게 몇 번을 반복한 후, 엄마는 방향을 바꾼다. "애야, '4'까지 세어 보렴." 딸은 잠시 생각을 하더니 "1, 2, 3, 4"라고 말한다. 이때 딸이 갑자기 무언가를 깨닫는 순간을 영상에서 볼 수 있는데, 이제 딸은 '4'가 '5' 앞에 온다는 것을 알게 된다.

이 유쾌한 영상은 우리에게 사람들이 고착된 패턴에 갇혀서 어떻게 문제를 지속시키는지를 보여 준다. 또한 우리가 교착상태를 깨뜨리는 무언가 다른 것을 하면 아주 빠르게 변화를 가져올 수 있다는 것을 보여 주고 있다. 필자는 가끔 SST 내담자에게 내담자의 경험과 관련이 있을 때 이 영상을 보여 주곤 하는데, 내담자에게 하고 있는 일이 효과가 없으면 무언가 다르게 해 보는 것이 중요하다고 말해 주는 것보다 이 영상이 더 효과적으로 영향을 주기 때문이다.

제26장

해결책 합의하기

요약

이 장에서는 내담자와 해결책을 합의하는 것과 관련된 몇 가지 쟁점을 살펴볼 것이다. 먼저 해결책에 대한 SST 기반의 정의를 살펴보고, 그다음 선택한 해결책과 잠정적 해결책의 구분, 작업동맹이론이 해결책을 합의하는 과정에 제공하는 통찰에 대해 논의하겠다. 마지막으로, 내담자가 선택하고 실행하는 데 도움이 되는 몇 가지 주요 해결책의 유형을 간단히 설명하도록 하겠다.

'해결책'이라는 단어의 사전적 정의는 목표보다 문제를 가리키는 경향이 있다. 『옥스퍼드 영어 사전』에서는 '해결책'을 "문제를 해결하거나 어려운 상황을 다루는 수단"이라고 정의하고 있다. 이런 정의는 문제보다 '목표'를 다루는 해결중심 SST 상담자에게 어려움을 야기한다. 제21장에서 논의한 것처럼, 해결책은 문제와 목표 사이에 놓여 있다. 해결중심 상담자들이 선호하는 입장에도 불구하고, SST에서의 좋은 해결책은 내담자가 상담을 받기로 결정했을 때 문제로 여기던 것을 '문제가 되지 않는 것'으로 만드는 것이다. 또한 내담자가 자신의 목표를 달성하거나 적어도 목표 달성을 향해 중요한 걸음을 내딛는 데 도움이 되는 것이어야 한다.

이런 점을 감안해 필자는 다음과 같이 SST에서의 해결책을 정의하였다.

> SST에서의 해결책은 내담자가 자신의 문제를 '문제가 되지 않는 것'으로 만드는 수단 또는 역경을 효과적으로 다루는 수단이다. 또한 해결책은 내담자가 자신의 목표를 달성하거나 목표 달성을 향해 중요한 걸음을 내딛도록 돕는다.

이런 정의는 문제와 목표를 함께 작업하는 SST 상담자에게 더 적합하다. 목표 작업을 선호하는 상담자들을 위해서는 다음과 같은 정의를 제안한다.

> SST에서의 해결책은 내담자가 자신의 목표를 달성하거나 목표 달성을 향해 중요한 걸음을 내딛도록 하는 수단이다.

선택한 해결책과 잠정적 해결책

해결책은 회기 중 상담자와 내담자가 '작업을 하는'[1] 부분에서 나온다. 그 작업의 집중적인 특성을 고려하면, 그런 상황 속에서 내담자가 활용할 수 있는 해결책(여기에서는 '잠정적' 해결책이라고 함)은 처음보다 더 제한적일 수 있다. 예를 들어, 스페인에 사는 사람이 영국의 한 도시를 방문하고 싶어 하는데 방문할 수 있는 날이 딱 하루라면, 그들이 특정 공항으로 가기로 정하기 전에는 선택할 수 있는 방법이 아주 많다. 그러나 일단 특정 공항으로 가기로 정하면, 그렇게 정한 것이 그들의 선택권을 제한한다.

따라서 내담자와 상담자 모두 선택할 수 있는 잠정적 해결책이 많다는 점을 아는 것이 중요한데, 이는 상담자와 내담자가 하는 작업이 잘 진행되지 않는 경우와 관련이 있다. 작업이 잘 진행되지 않으면 상담자는 "우리가 여기서 논의하고 있는 것이 당신이 이루고 싶어 하는 것과 '딱' 맞는 것 같지 않네요. 어떻게 생각하세요?"라고 말할 수 있다. 내담자가 이에 동의하면, 그들은 고려해 볼 수 있는 다른 다양한 잠정적 해결책 중에서 결과를 낼 가능성이 있는 결정으로 방향을 바꿀 수 있다. 내담자가 해결책을 선택하면, 그것을 '선택한' 해결책이라고 한다.

---

1) 제23장에서 언급한 것처럼, 이 문구는 SST 상담자가 찾은 효과적인 방법으로 연습할 수 있도록 의도적으로 모호하게 남겨 두었다. SST에서 '작업을 하는' 방법은 하나만 있는 것이 아니라는 점을 기억하라.

해결책 합의의 중요성

가능하면, 상담자와 내담자는 상담자가 제안하는 것이라도 해결책을 합의해야 한다. 따라서 가족이 상담자 팀의 관찰하에 회기를 진행하는 가족중심 SST에서는 같은 상담실에서 한 명 이상의 상담자가 작업할 수 있다. 회기의 어느 시점에, 보통은 끝날 무렵에 상담자(들)는 상담실 밖에 있는 관찰 팀과 의논하기 위해 잠시 휴식 시간을 갖는데, 이때의 논의를 통해 일반적으로 잠정적 해결책을 포함한 개입을 계획한다. 하지만 이렇게 제안된 해결책이 설득력이 있더라도 가족이 검토해야 하며, 그렇게 해도 한 명 또는 그 이상의 가족 구성원이 해결책에 어려움을 겪을 가능성이 있다. 이런 경우, 상담자(들)와 가족 구성원은 가족이 받아들일 수 있는 해결책이 선택될 때까지 그 문제를 논의하고, 합의를 통해 선택한 해결책을 이끌어 낸다.

물론 때로는 상담 제안이 딱 들어맞아서 이것이 내담자의 해결책이 되기도 한다. 이것을 작업동맹 관점에서 보면, 상담자와 내담자가 어떤 합의를 할 필요도 없이 해결책에 동의한 것으로 볼 수 있다.

해결책에 대한 작업동맹 관점

SST 상담자는 내담자와 함께 해결책을 선택하는 작업을 할 때 작업동맹의 개념을 알릴 수 있다. 따라서 유능한 SST 상담자는 내담자가 다음과 같은 해결책을 선택하도록 돕는다.

- 내담자가 자신의 목표를 달성하는 데 도움이 되는 해결책
- 내담자가 실행할 수 있는 기술과 능력을 가지고 있는 해결책
- 내담자가 실행할 수 있는 자신감이 있는 해결책
- 내담자가 자신의 목표를 이룰 수 있는 치료적 효과가 있는 해결책
- 내담자가 자신도 모르게 문제를 지속시키지 않도록 하는 해결책

SST에서의 해결책 유형

내담자가 SST에서 실행할 수 있는 해결책에는 몇 가지 유형이 있다. 선택한 해결책은 내담자의 현재 상황에 가장 잘 맞아야 한다.

▌환경적 해결책
환경적 해결책에는 내담자가 바뀔 가능성이 없는 불리한 상황을 바꾸거나 떠나는 것이 포함된다.

▌행동적 해결책
행동적 해결책에는 내담자가 자신의 문제를 해결하기 위해 행동을 바꾸는 것이 포함된다.

▌인지적 해결책

인지적 해결책에는 내담자가 문제의 가장 중요한 부분에 대한 자신의 생각을 바꾸는 것이 포함된다. 인지적 해결책에는 다음의 유형이 있다.

태도 변화 해결책   태도 변화 해결책은 내담자가 역경에 대해 다른 평가적 입장을 취하는 것이다.

추론 변경 해결책   추론 변경 해결책은 내담자가 문제적 상황에서의 역경에 대한 왜곡된 추론을 변경하는 것이다.

재구성 해결책   재구성 해결책은 상담자가 내담자의 문제를 새로운 틀에 넣어 더 이상 내담자에게 문제가 되지 않도록 돕는 것이다.

이 해결책들은 단독으로 선택할 수도 있고 조합해 선택할 수도 있다.

회기에서 해결책 연습하기

요약

이 장에서는 회기에서 내담자가 해결책을 연습하는 것(PSS)의 중요성에 대해 설명하고, 그렇게 하는 이유와 그런 연습을 하는 방식을 논의할 것이다. 그리고 주의사항으로 마무리를 할 것이다. ― PSS는 일반적으로 좋은 방안이지만, 내담자가 해결책을 연습하지 않는 것이 더 나은 경우도 있다.

일단 내담자가 해결책을 선택하고 그 해결책이 ① 잠정적으로 문제를 다루고, ② 잠정적으로 목표를 이루거나 목표를 향해 중요한 걸음을 내딛게 하는 기준을 충족하면, SST 과정에서의 알맞은 다음 단계는 내담자가 회기 안에서 해결책을 연습하는 것(PSS)이다.

왜 PSS인가

PSS(Practising Solution in the Session)는 내담자가 다음의 질문 중하나 이상에 답을 하도록 돕는다.

▌해결책이 적합하다고 느끼는가

PSS는 내담자가 해결책에 대한 '감'을 잘 잡을 수 있도록 돕는다. 선택한 해결책이 서류상으로 내담자를 위한 최상의 해결책일 수도 있지만, 내담자가 '시험적으로' 해결책을 실행해 보지 않으면 그 해결책이 실생활에서 실행하기에 적절한지 여부를 확실히 알 수 없다.

▌내담자가 해결책을 작동시킬 수 있는가

PSS는 ① '내가 할 수 있을까?'와 ② '잘 될까?'라는 두 가지 질문에 내담자가 답할 수 있도록 돕는다. 좀 더 엄밀히 말하면, 내담자는 그런 연습을 통해 Bandura(1977)의 자기효능감 이론의 두 초석인 효능 기대와 결과 기대를 높일 수 있다.

▌해결책에 변경해야 할 사항이 있는가

PSS는 내담자가 해결책에 수정할 사항이 있는지 여부를 결정하는 데 도움이 된다. 이 단계에서의 PSS는 내담자가 근본적인 점검을 한다기보다는 해결책을 '세밀하게 조정'하는 것과 관련이 있다.

▍PSS로 해결책에 대한 의문, 거리낌 및 이의를 알 수 있는가

비록 상담 회기의 상황에서지만 해결책을 실행해 보면 내담자가 해결책의 일부 측면과 그 실행에 대해 갖는 의문, 거리낌 또는 이의 (Doubts, Reservations, Objections: DRO)를 알 수 있다. PSS는 상담자와 내담자에게 그러한 DRO를 확인하고 해결할 수 있는 기회를 준다.

PSS의 결과를 검토하고 논의해야 한다는 점을 고려해, 상담자는 검토 및 논의할 시간을 확보하는 방식으로 회기를 구성해야 한다.

PSS가 앞의 질문 중 하나 이상에 답할 수 있도록 내담자를 돕지만, PSS의 주된 목적은 내담자가 낙관적인 마음으로 선택한 해결책을 가지고 돌아갈 수 있도록 성공 경험을 제공하는 것이다.

PSS의 방식

PSS가 수행되는 주요 방법을 간략히 설명하기 전에, PSS 실행 방법을 구상하는 것이 상담자와 내담자 모두에게 창의력을 발휘할 수 있는 기회가 된다는 점을 강조하고 싶다. 회기에서 논의되는 모든 관련 사항과 회기 전 연락에서(또는 사전 연락이 없었다면 회기에서) 확인된 내담자 변인들을 PSS 작업에서 통합할 수 있다.

▍행동적 해결책의 행동적 연습

행동적 연습을 통해 내담자는 행동적 해결책을 연습할 수 있다.

예를 들어, 내담자가 해결책으로 자기주장을 선택했다면, 상담자는 상대 역할에 대한 내담자의 설명을 들은 후 상대 역할을 맡아 역할 연기를 할 수 있다.

▌인지적 해결책의 행동적 연습

내담자의 행동은 그들이 인지적 해결책에 대한 경험을 쌓아 가는 데 도움이 된다. 인지적 해결책의 경험을 쌓는 예는 Reinecke 등(2013)의 연구에서 찾아볼 수 있다. 그들은 공황을 다룬 단일 회기에서 내담자에게 공황에 대한 인지적 근거를 제시하였다. 이는 공황이 불안에 대한 파국적인 오해석에서 비롯되어 다양한 안전추구 전략을 사용하면서 유지되므로, 안전추구 전략을 사용하지 않고 불안해지는 것을 허용하면 내담자에게 이 '끔찍한' 일은 거의 일어나지 않을 것이라고 설명하고 있다. '나는 안전추구 전략을 사용하지 않고 불안을 경험하도록 허용한다.'라는 인지적 해결책을 연습하기 위해, 내담자에게 잠긴 방 안에서 이를 즉각 실천해 보는 연습 기회를 주었다. 이런 예행연습은 단일 회기 효과성의 필수 요소임이 입증되었다.

▌인지적 해결책의 인지-행동적 연습

CBT에서 태도를 바꾸는 가장 좋은 방법은 원하는 태도와 일치하는 방식으로 생각하고 행동하는 것이다. PSS에서 이는 내담자가 원하는 태도를 염두에 두고 관련 행동을 연습하는 것으로 실행된다.

▌심리적 연습

심리적 연습에는 내담자가 마음속으로 해결책을 실행하는 자신의 모습을 상상하는 것이 포함된다. 이것을 종종 이미지 작업이라고 한다. 내담자는 앞에서 언급한 모든 해결책을 심리적으로 연습할 수 있다. 내담자는 이 방법을 통해 일상생활에서 해결책을 실행할 준비를 할 수 있다.

▌의자기법

Scott Kellogg(2007: 8)는 다음과 같이 말했다.

…… 의자기법은 보통 서로 마주 보는 두 개의 의자를 사용하는 심리치료 기법이다. 내담자는 한쪽 의자에 앉아 반대쪽 의자에 앉아 있는 가족이나 타인을 상상하면서 대화를 한다. 또는 내담자가 두 의자를 왔다 갔다 하면서 자기 자신의 다른 측면과 이야기한다.

PSS에서 의자기법을 사용할 수 있는 네 가지 방법은 다음과 같다 (Dryden, 2019a, Kellogg, 2015).

- 타인과의 대화
- '자기'의 다른 부분들 간의 대화
- '자기' 안의 문제를 바로잡기 위한 대화(예: 문제가 되는 태도)
- 역할 연기

회기에서 연습하기에 적합하지 않은 해결책도 있다. 예를 들어, 상담자가 애초에 문제를 야기한 경험의 일부를 재구성하도록 내담자에게 권한다면 이는 회기에서 연습하기 어렵다. 연습할 수 있다 하더라도 그렇게 하는 것은 재구성의 효과를 방해할 수 있다. 내담자가 회기에서 해결책을 연습하는 것은 대부분 좋은 일이지만, 이는 보편적인 경우가 아님을 기억해야 한다.

일단 내담자가 그들이 선택한 해결책을 회기에서 연습할 기회를 가졌고 상담자와 함께 자신의 경험을 다루고 논의했다면, 상담자와 내담자는 회기를 종료할 준비가 된 것이다. 이는 다음 장에서 살펴보겠다.

회기를 적절하게 종료하기

요약

이 장에서는 단일 회기의 종료와 관련된 다음의 다섯 가지 주제를 논의하고자한다. ① 내담자가 해결책 실행 계획을 세우도록 돕기, ② 퇴보 대응하기와 재발방지 작업하기, ③ 요약하기, ④ 향후 도움 및 추수 작업 계획에 합의하기, ⑤ 미진한부분 마무리하기.

내담자가 회기에서 그들이 선택한 해결책을 연습하게 되면, 이는 일반적으로회기의 종료 단계를 나타낸다.

내담자가 해결책 실행 계획을 세우도록 돕기

내담자가 해결책 연습을 끝냈고 그것이 잘 되었다면, 상담자와 내담자는 일상생활에서 필요할 때 해결책을 실행하기 위한 계획을 논의하게 된다. 이런 논의를 할 때, 내담자는 자신이 전형적인 문제적 반응으로 대응하는 역경에 대해 기다리는 역할을 하지 말아야 한다. 대신 내담자는 해결책을 실행하기 위해 역경을 찾아 보도록 격려를 받는다. 예를 들어, 내담자가 사람들과의 대화에 관련된 문제를 갖고 있다면, 누군가가 그에게 말을 걸 때까지 기다리지 말고 사람들에게 먼저 대화를 시작하는 것으로 해결책을 연습할 수 있다.

연속적인 상담에서는 상담자가 내담자와 구체적인 '숙제'를 협의하고 다음 회기에 그것을 검토할 수 있지만, SST에서는 그렇게 할 수 없다. 대신 상담자는 내담자가 해결책을 실행할 '전반적인' 계획을 세우도록 돕고, 앞으로 이 계획을 실행할 구체적인 방법을 찾도록 격려한다.

퇴보에 대응하기와 재발 방지 작업하기

퇴보(문제 상태로의 짧고 사소한 복귀)와 재발('원점으로의 복귀' 및 보다 지속적인 문제 상태로의 복귀)을 구별해야 한다. 재발은 내담자가 퇴보를 적절하게 다루지 않았을 때 일어나기 쉽다. 따라서 상담자는 종료 과정 중에 내담자가 인간의 퇴보하려는 경향성을 인지하고, 그런 일이 일어나자마자 곧바로 퇴보에 대응하도록 도와야 한다. 그렇게 하지 않으면, 내담자가 재발할 가능성이 커진다. 또는 필자가 말한 것처럼, "퇴보는 인간적이지만 재발은 무기력한 것이다." 이 주제에 대해 Hoyt와 Rosenbaum(2018: 320)은 상담자가 내담자에게 다음과 같이 질문할 것을 제안하였다.

- "문제는 왔다 갔다 합니다. 당신이 겪었던 문제가 다시 오고 있다는 신호는 어떤 걸까요? 만약 그런 일이 일어나면 어떻게 대응할 수 있을까요?"

다음과 같이 내담자가 강점과 자원을 활용하는 것과 관련된 질문을 할 수도 있다.

- "문제로 다시 돌아가는 것을 알아챘다면, 당신이 말한 강점 중에 어떤 것을 활용할 수 있을까요?"
- "만약 당신이 퇴보하고 있는 것을 알아챘다면, 그것을 다룰 때 누가 당신을 도와줄 수 있나요?"

만약 재발하게 되면, 상담자나 기관에 연락해 더 많은 도움을 받아야 한다고 반드시 내담자에게 알려 주어야 한다.

요약하기

SST의 종료 단계 중 어느 시점에, 회기에 대해 그리고 내담자가 무엇을 가지고 돌아갈 것인지에 대해 요약하는 것은 내담자나 상담자에게 유용하다. 필자는 내담자가 요약하도록 하고, 필요하다면 요약을 촉진하거나 추가하는 것을 선호한다. 그러나 필자가 요약해야 할 상황이라면 그렇게 한다. 다시 한번 강조하지만, SST에서는 유연함이 중요하다. 좋은 요약에는 다음의 사항이 포함되어야 한다(Dryden, 2019a).

- 내담자의 문제 및 목표
- 문제 및 목표를 향해 이루어진 작업
- 이러한 작업을 하는 동안 내담자가 배운 내용
- 내담자가 선택한 해결책과 해결책의 실행 및 퇴보에 대처하기 위해 활용할 수 있는 강점과 자원

일부 상담자는 내담자에게 회기에서 일어난 일, 특히 내담자가 배운 것과 선택한 해결책이 무엇인지에 대한 서면 요약을 가져가도록 권한다. 상담자와 내담자는 누가 요약을 작성할 것인지 의논해야 한다. 필자는 내담자가 요약 작성하는 것을 선호하는데, 그렇게 하면 내담자의 언어로 요약을 작성할 수 있고 그 과정에 내담자가 적극적으로 참여할 수 있기 때문이다.

내담자에게 향후 도움 및 추수 작업에 대해 합의한 계획 상기시키기

계약단계에서(제19장 참조), 상담자는 내담자에게 앞으로 제공될 도움이 무엇이고 그러한 도움의 특성과 필요한 경우 내담자가 그러한 도움을 받을 수 있는 방법을 명확하게 설명해야 한다. 상담자는 상담과정의 종료 단계에서도 이 점을 반복해서 설명해야 한다.

또한 상담자와 내담자는 추수 작업 회기를 해야 할지 여부와 한다면 추수 작업 회기를 위해 준비해야 할 것이 무엇인지 합의해야 한다. 이는 walk-in SST에는 적용되지 않는다.

미진한 부분 마무리하기

회기가 끝나면, 내담자가 상담과정에 대한 만족감과 낙관적인 마음을 가지고 돌아가는 것이 중요하다. 내담자가 궁금한 점이 있으면 질문하도록 격려해야 한다. 또 내담자가 상담과정의 어떤 면에 대해 의문, 거리낌 또는 이의가 있다면 그것들을 표현할 수 있어야 하고, 그래야 상담자가 답해 줄 수 있다. 예를 들어, SST 상담자는 "당신이 집으로 돌아갔을 때, 저에게 물어보거나 말했더라면 싶은 무언가가 떠오를 수 있어요. 어떤 것이 그럴까요?" 또는 "상담을 마치기 전에 오늘 우리가 작업한 것에 대해 상의해야 할 의문 사항이 있나요?"라고 물어볼 수 있다. 내담자가 물어보지 못해서 답을 듣지 못한 질문이나 표현하지 않아서 다루지 못한 거리낌을 가지고 돌아가는 경우, 방법을 달리 했다면 많은 것을 얻었을 상담과정에서 내담자는 많은 것을 얻지 못하게 된다.

제**29**장

내담자의 성찰, 소화, 행동 및 결정 격려하기

요약

이 장에서는 내담자가 회기 후 시간을 내어 회기에서 무엇을 배웠는지 성찰해 보고, 배운 내용을 소화하고, 배움을 실행하는 방법을 여러 다른 방식으로 실험해 보도록 격려하는 것의 중요성에 대해 논의하겠다. 시간이 어느 정도 지나면 내담자는 추가 도움이 필요한지 여부를 결정할 수 있는데, 이것이 '한 번에 한 회(OAAT)' 상담의 특징이다. 또 이런 '성찰-소화-행동' 과정을 촉진하는 구체적인 방법에 대해 살펴보겠다. 이 과정은 '단일 회기 통합 인지행동치료(CBT)'의 특징으로, 필자와의 단회상담을 원하는 내담자 상담에 활용하는 것이다(Dryden, 2017).

SST를 개념화하는 방법 중 하나는 '한 번에 한 회' 상담(Hoyt, 2011)으로 알려진 것으로, 제1장에서 간략히 논의한 바 있다. 이런 작업방식을 통해 내담자는 처음부터 상담자가 그들이 도움을 청한 문제를 해결하기 위해 열심히 노력할 것이고, 명칭에서 분명히 알 수 있듯이 한 번에 한 회만 예약 가능한 추가 회기를 할 수 있다는 점을 알게 된다. 이것은 내담자가 한 회기를 하고 나중에 '다시 방문할 수 있는' 일부 walk-in 상담실에서도 마찬가지다. 또 필요한 시점에 도움을 받을 수 있는 학생상담 서비스에서 서비스를 제공하는 방식이기도 하다. 이렇게 하면 회기가 정해진 계약(예: 모든 내담자에게 6회기를 제공함)에 따라 대기자 명단이 계속 늘어나 쌓이는 것을 방지할 수 있다(제4장 참조).

한 번에 한 회(OAAT) 상담의 장점은 내담자가 연이은 회기를 예약할 수는 없지만, 그들이 추가 회기를 하겠다고 결정하는 때에 추가 회기를 할 수 있다는 것을 안다는 점이다. 내담자는 추가 회기를 예약할 수 있다는 사실을 아는 것만으로도 종종 위로를 받으며, 때로는 추가 회기를 이용하지 않거나 '연속적인 회기' 예약방식보다 더 나중에 예약을 한다.

성찰, 소화, 행동 및 결정

1990년에 BBC 텔레비전은 Lloyd Grossman이 진행하는 〈마스터 셰프〉라는 TV 프로그램을 방영했는데, 매회마다 세 명의 경연 참가자가 세 명의 심사위원을 위한 요리를 했다. 우승자를 발표하기 전에 Grossman은 "우리는 신중히 생각하고, 또 생각하고, 소화

해서 결론에 이르렀다."라고 말하곤 했는데, 이것은 그의 캐치프레이즈가 되었다. OAAT 상담자는 내담자가 마지막에 다음과 같이 말할 수 있도록 돕는 것을 목표로 삼아야 한다. "제가 성찰하고, 소화하고, 행동해 보니 현재로서는 더 이상의 도움이 필요하지 않다는 결론에 도달했어요." 또는 "제가 성찰하고, 소화하고, 행동해 보니 이제 추가 회기를 예약해야겠다는 결론을 내렸어요."

▌성찰과 소화

스마트폰과 태블릿에 쉽게 접근할 수 있는 이렇게 복잡하고 빠르게 돌아가는 세상에서, 사람들은 정보에 입각한 결정을 내리기 전에 멈춰 서서 자신의 경험을 돌아보도록 격려받아야 한다. OAAT 상담에서는 회기가 끝나면 내담자가 단일 회기에서 배운 것을 실제로 성찰하고 소화하는 것이 중요하다. 이것은 혼자 할 수도 있고, 믿고 지지해 주는 타인과 함께할 수도 있다. 여기에는 내담자가 선택한 해결책을 다른 상황에 적용하거나 다른 관련 해결책을 실험하는 방법에 대해 생각하는 것이 포함된다.

▌행동

OAAT 상담자는 내담자에게 회기에서 논의했던 문제와 필요하다면 다른 문제에 대해서도 행동을 취하고 해결책을 실행하도록 격려해야 한다. 또한 상담자는 내담자가 성찰과 소화 단계에서 생각한 다른 관련된 해결책을 실험해 볼 것을 제안할 수 있다.

시간 가지기

성찰하고, 소화하고, 행동하는 적극적인 기간이 지난 후, 내담자는 상황이 진정되면 시간을 가지고 더 많은 도움이 필요한지 여부를 생각해 보라는 조언을 받는다.

결정

OAAT 상담의 가치는 필요하면 추가 회기를 할 수 있다는 것을 내담자가 안다는 데 있다. 이를 안다는 것은 특히 내담자가 잘하고 있는 경우에는 이 제안을 받아들이지 않을 수도 있다는 의미다. 잘 못하고 있다면, 내담자는 편한 시간에 다시 와서 상담을 받을 수 있다.

SSI-CBT에서 디지털 녹음 파일 및 축어록의 활용: 성찰 및 소화에 대한 지원 (Dryden, 2017)

필자는 개인상담에서 ① 대면 회기를 최대한 활용할 수 있도록 내담자와 나 자신을 돕기 위한 회기 전 전화면담, ② 대면 회기, ③ 약 3개월 후의 추수 회기라는 세 번의 단일 회기 서비스를 제공한다(Dryden, 2017). 필자는 이 '패키지'의 일환으로 대면 회기의 디지털 녹음 파일과 축어록을 내담자에게 제공한다.

필자가 이렇게 하는 것은 내담자가 회기에서 논의했던 내용을 검토하고 상담경험에서 배운 것을 성찰하고 소화하도록 돕기 위해

서다. 내담자는 녹음 내용과 축어록을 검토할 때, 자신에게 중요한 것인데 회기를 하는 동안 놓쳤던 부분에 초점을 맞추는 경우가 있다. 특히 내담자들은 자신이 했든 필자가 했든 상관없이 회기 요약본을 볼 수 있어서 좋았다고 말한다. 어떤 내담자는 필요할 때마다 다시 보기 위해 그것을 복사해서 갖고 다니기도 한다.

녹음 파일과 축어록 둘 다 갖는 것을 좋아하는 내담자도 있지만, 둘 중 하나를 더 중요하게 여기는 내담자도 있다. 예를 들어, 자신의 목소리를 듣는 것을 좋아하지 않는 내담자는 축어록을 선호하고, 스마트폰으로 '이동 중'에 듣는 것을 좋아하는 내담자는 녹음 파일을 선호한다. 이런 점을 고려해 필자는 내담자에게 녹음 파일과 축어록을 모두 제공하고 있다(Dryden, 2017).

후속 작업 및 추수 작업

요약

마지막 장에서는 후속 작업 및 추수 작업과 관련된 주제를 살펴보고자 한다. 후속 작업은 내담자가 다시 상담을 받기로 결정했을 때 어떤 일이 일어나는지에 대한 것이고, 추수 작업은 내담자가 다시 상담을 받지 않을 때 어떻게 되는지에 대한 것으로 상담자는 이를 통해 내담자가 어떻게 지내며 SST에서의 경험이 무엇이었는지 알 수 있다. 후자의 예로 필자가 상담에서 SST 내담자와 추수 작업을 하는 방식에 대해 설명하겠다.

제28장에서 강조했듯이, 내담자는 그들에게 필요한 유일한 회기일 수도 있는 회기를 마친 후, 추가적인 도움이 필요한 경우 다시 상담을 받을 수 있는지 여부와 그러한 도움을 받을 수 있는 방법에 대해 명확히 알고 있어야 한다.

후속 작업

후속 작업은 내담자가 추가적인 도움을 받기 위해 재방문할 때 이루어진다. 내담자가 (OAAT 상담에서처럼) 추가 회기를 요청하면, 상담자는 SST의 근간인 '필요한 시점에 도움 주기'라는 원칙에 따라 매우 빠르게 내담자와 만나는 것을 목표로 해야 한다(제4장 참조). 내담자를 만나게 되면, 상담자는 첫 번째 OAAT 회기와 두 번째 회기 사이에 연속성이 있는지 확인해야 한다. 재방문한 내담자가 처음에 도움을 구하던 문제로 여전히 힘들어한다면, 상담자는 내담자가 선택한 해결책을 실행해 본 경험이 어땠는지 알아봐야 한다. 특히 내담자가 해결책을 실행했을 때 도움이 되었던 것과 도움이 되지 않았던 것은 무엇인지 파악해야 한다. 또한 내담자가 해결책을 실행할 때 활용한 내적 강점과 외부 자원은 무엇이었는지, 어떤 것을 활용하고 어떤 것을 활용하지 못했는지 확인해야 한다.

상담자는 ① 내담자가 원래의 해결책을 유지하면서 일부분을 수정하는 것에 대한 도움과 활용할 수 있지만 활용하지 않았던 내적 강점 및 외부 자원의 사용에 대한 도움이 필요한지, ② 내담자가 다른 해결책을 선택하고 실행할 수 있도록 도울 필요가 있는지 파악해야 한다. 전자의 경우엔 수정사항을 결정한 후, 제27장에서 설명한 것처럼, 내담자가 회기에서 이를 연습하도록 한다. 후자의 경우라면 회기는 첫 번째 회기와 비슷할 것이다. 실제로 그런 상황에서 해결책의 효과가 없었던 이유가 분명하지 않다면, 상담자는 처음부터 다시 시작하는 것이 유용하다. 이때 새로운 회기는 그러한 이해를 바탕으로 해야 한다. 내담자가 새로운 해결책을 선택하면 다시 한번 회기에서 이를 연습한다. 그다음 이전과 마찬가지로 내담자는 돌아가서 성찰하고, 소화하고, 행동하고, 시간을 보내며, 새로운 해결책이 더 나은 결과를 가져오기를 기대한다. 그렇게 되지 않으면 내담자는 또 다른 회기를 하기 위해 다시 방문한다.

추수 작업

추수 작업은 내담자가 단일 회기 후 추가적인 도움을 요청하지 않은 경우에 한다. 추수 작업 회기는 상담자와 내담자가 합의한 시간에 이루어지며, 보통 단일 회기 후 약 3개월 후에 진행한다. 단회상담 학계에는 추수 작업을 오직 한 회기로 정의되는 SST의 일부가 아니라고 생각하는 사람이 일부 있지만, 대부분의 상담자는 추수 작업 회기를 SST의 필수적인 부분으로 여긴다.

▌추수 작업을 하는 이유

추수 작업 회기를 통해 상담의 성과, 회기에 대한 내담자의 관점 그리고 관련이 있다면 SST에서 제공한 서비스에 대한 내담자의 의견 등에 대한 정보를 알 수 있다.

추수 작업에 대한 필자의 접근방식

SST의 추수 작업에 대한 예로 필자의 접근방식을 소개하고자 한다(Dryden, 2017). 필자는 대면 회기가 끝날 때쯤 2~30분 정도 걸리는 추수 전화 통화를 위한 구체적인 준비를 한다. 필자는 내담자가 만들어 낸 변화가 충분히 이루어지고 그들의 생활 속에 통합되도록 하기 위해 추수 작업 회기는 대면 회기 후 3개월 뒤에 진행하자고 제안한다. 회기 전 통화와 마찬가지로 내담자가 집중할 수 있고 방해받지 않고 대화할 수 있는 시간과 장소에서 추수 회기를 진행하는 것이 중요하다고 강조한다. 필자는 내담자가 나에게 온전히 주의를 기울여 주기를 바란다. 추수 작업 회기에서 필자가 이용하는 체계는 다음과 같다.

성과   회기의 성과와 관련된 사항들을 먼저 탐색한다. 필자는 내담자가 도움을 청하게 된 이유를 언급하는 것으로 시작한다.

- 호소한 문제에 변화가 있었나요? (더 좋아졌나요? 아니면 더 나빠졌나요? 아무런 변화가 없나요?)
- 무엇이 변화를 가져왔나요? 또는 무엇이 문제를 그대로 유지하도록 만들었나요?
- 다른 사람들이 변화를 알아챘나요? 그렇다면 그들이 알아챈 것은 무엇인가요?
- 당신 삶의 다른 부분들이 더 좋게 바뀌었나요? 아니면 더 나쁘게 바뀌었나요?

회기   그다음 회기 자체에 대한 내담자 경험에 대해 질문한다.

- 상담 회기에서 무엇이 기억나나요?
- 특히 도움이 된 것은 무엇이고 도움이 되지 않은 것은 무엇인가요?
- 회기의 녹음과 축어록은 어떤 용도로 사용했나요?
- 당신이 받은 상담에 대해 얼마나 만족하나요?
- 단일 회기로 충분하다고 생각하나요? 아니면 다시 상담하기를 원하나요? 상담을 다시 한다면 다른 상담자를 만나고 싶으세요?
- 당신이 받은 서비스를 개선하기 위한 건의사항이 있다면 무엇인가요?

▌기타

- 제가 특별히 질문하지 않은 사항 중에 저한테 알려 주고 싶은 것이 있나요?

이로써 이 책을 마치려 한다. 이 책이 독자들에게 도움이 되었길 바라며, 필자에 대한 피드백은 어떤 것이든 환영하니 windy@dryden.com으로 이메일을 보내 주기 바란다.

222

참고문헌

◇

Appelbaum, S.A. (1975). Parkinson's Law in psychotherapy. *International Journal of Psychoanalytic Psychotherapy, 4,* 426-436.

Bandura, A. (1977). Self-efficacy: Toward a unifying theory of behavioral change. *Psychological Review, 84,* 191-215.

Battino, R. (2014). Expectation: The essence of very brief therapy. In M.F. Hoyt & M. Talmon (Eds.), *Capturing the Moment: Single Session Therapy and Walk-In Services* (pp. 393-406). Bethel, CT: Crown House Publishing.

Bloom, B.L. (1981). Focused single-session therapy: Initial development and evaluation. In S. Budman (Ed.), *Forms of Brief Therapy* (pp. 167-216). New York: Guilford Press.

Bloom, B.L. (1992). *Planned Short-Term Psychotherapy: A Clinical Handbook.* Boston, MA: Allyn and Bacon.

Bordin, E.S. (1979). The generalizability of the psychoanalytic concept of the working alliance. *Psychotherapy: Theory, Research and Practice, 16,* 252-260.

Boscolo, L., Cecchin, G., Hoffman, L., & Penn, P. (1987). *Milan Systemic Family Therapy.* New York: Basic Books.

Constantino, M.J., Ametrano, R.M., & Greenberg, R.P. (2012). Clinician interventions and participant characteristics that foster adaptive patient expectations for psychotherapy and psychotherapeutic change.

223

Psychotherapy, 49, 557–569.

Constantino, M.J., Glass, C.R., Arnkoff, D.B., Ametrano, R.M., & Smith, J.Z. (2011). Expectations. In J.C. Norcross(Ed.), *Psychotherapy Relationships that Work: Evidence-Based Responsiveness* (2nd ed.; pp. 354–376). New York: Oxford University Press.

Cummings, N.A. (1990). Brief intermittent psychotherapy through the life cycle. In J.K. Zeig & S.G. Gilligan (Eds.), *Brief Therapy: Myths, Methods and Metaphors* (pp. 169–194). New York: Brunner/Mazel.

Davis III, T.E., Ollendick, T.H., & Öst, L-G. (Eds.). (2012). *Intensive One-Session Treatment of Specific Phobias.* New York: Springer.

De Shazer, S. (1982). *Patterns of Brief Family Therapy.* New York: Guilford Press.

Dryden, W. (2006). *Counselling in a Nutshell.* London: Sage.

Dryden, W. (2011). *Counselling in a Nutshell* (2nd ed.). London: Sage.

Dryden, W. (2016). *When Time Is At a Premium: Cognitive–Behavioural Approaches to Single-Session Therapy and Very Brief Coaching.* London: Rationality Publications.

Dryden, W. (2017). *Single-Session Integrated CBT (SSI-CBT): Distinctive Features.* Abingdon, Oxon: Routledge.

Dryden, W. (2018a). *Very Brief Therapeutic Conversations.* Abingdon, Oxon: Routledge.

Dryden, W. (2018b). From problems to goals. Identifying 'good' goals in counselling and psychotherapy. In M. Cooper & D. Law (Eds.), *Working with Goals in Counselling and Psychotherapy* (pp. 139–159). Oxford: Oxford University Press.

Dryden, W. (2019a). *Single-Session Therapy: 100 Key Points and Techniques.* Abingdon, Oxon: Routledge.

Dryden, W. (2019b). *The Relevance of Rational Emotive Behaviour Therapy for Modern CBT and Psychotherapy.* Abingdon, Oxon: Routledge.

Ellis, A., & Joff e, D. (2002). A study of volunteer clients who experienced live sessions of rational emotive behavior therapy in front of a public audience. *Journal of Rational-Emotive & Cognitive-Behavior Therapy, 20,* 151-158.

Findlay, R. (2007). A mandate for honesty, Jeff Young's No Bullshit Therapy: An interview. *Australian and New Zealand Journal of Family Therapy, 28* (3), 165-170.

Freud, S., & Breuer, J. (1895). *Studien Über Hysterie.* Leipzig and Vienna: Deuticke.

Garfield, S.L. (1995). *Psychotherapy: An Eclectic-Integrative Approach* (2nd ed.). New York: John Wiley & Sons.

Gonzalez, M.T., Estrada, B., & O'Hanlon, B. (2011). Possibilities and solutions: The differences that make a difference. *International Journal of Hispanic Psychology, 3* (2), 185-200.

Goulding, M.M., & Goulding, R.L. (1979). *Changing Lives through Redecision Therapy.* New York: Grove Press.

Haley, J. (1989). *The First Therapy Session: How to Interview Clients and Identify Problems Successfully* (audiotape). San Francisco: Jossey-Bass.

Hayes, A.M., Laurenceau, J-P., Feldman, G., Strauss, J.L., & Cardaciotto, L. (2007). Change is not always linear: The study of nonlinear and discontinuous patterns of change in psychotherapy. *Clinical Psychology Review, 27,* 715-723.

Hoyt, M.F. (1990). On time in brief therapy. In R.A. Wells & V.J. Gianetti (Eds.), *Handbook of the Brief Psychotherapies* (pp. 115-143). New York: Plenum.

Hoyt, M.F. (2000). *Some Stories Are Better than Others: Doing What Works in Brief Therapy and Managed Care.* Philadelphia: Brunner/Mazel.

Hoyt, M.F. (2011). Foreword. In A. Slive & M. Bobele (Eds.), *When One Hour Is All You Have: Effective Therapy for Walk-in Clients* (pp. xix-xv). Phoenix, AZ: Zeig, Tucker, & Theisen.

Hoyt, M.F. (2018). Single-session therapy: Stories, structures, themes, cautions, and prospects. In M.F. Hoyt, M. Bobele, A. Slive, J. Young, &

M. Talmon (Eds.), *Single-Session Therapy by Walk-In or Appointment: Administrative, Clinical, and Supervisory Aspects of One-at-a-Time Services* (pp. 155-174). New York: Routledge.

Hoyt, M.F., & Rosenbaum, R. (2018). Some ways to end an SST. In M.F. Hoyt, M. Bobele, A. Slive, J. Young, & M. Talmon (Eds.), *Single-Session Therapy by Walk-In or Appointment: Administrative, Clinical, and Supervisory Aspects of One-at-a-Time Services* (pp. 318- 323). New York: Routledge.

Hoyt, M.F., & Talmon, M.F. (2014a). What the literature says: An annotated bibliography. In M.F. Hoyt & M. Talmon (Eds.), *Capturing the Moment: Single Session Therapy and Walk-In Services* (pp. 487-516). Bethel, CT: Crown House Publishing.

Hoyt, M.F., & Talmon, M.F. (Eds.). (2014b). *Capturing the Moment: Single Session Therapy and Walk-In Services.* Bethel, CT: Crown House Publishing.

Hoyt, M.F., Bobele, M., Slive, A., Young, J., & Talmon, M. (2018a). Singlesession/one-at-a-time walk-in therapy. In M.F. Hoyt, M. Bobele, A. Slive, J. Young, & M. Talmon (Eds.), *Single-Session Therapy by Walk-In or Appointment: Administrative, Clinical, and Supervisory Aspects of One-at-a-Time Services* (pp. 3-24). New York: Routledge.

Hoyt, M.F., Bobele, M., Slive, A., Young, J., & Talmon, M. (Eds.). (2018b). *Single-Session Therapy by Walk-In or Appointment: Administrative, Clinical, and Supervisory Aspects of One-at-a-Time Services.* New York: Routledge.

Iveson, C., George, E., & Ratner, H. (2014). Love is all around: A single session solution-focused therapy. In M. F. Hoyt & M. Talmon (Eds.), *Capturing the Moment: Single Session Therapy and Walk-In Services* (pp. 325-348). Bethel, CT: Crown House Publishing.

Jacobson, N.S., Follette, W.C., & Revenstorf, D. (1984). Psychotherapy outcome research: Methods for reporting variability and evaluating clinical significance. *Behavior Therapy, 15,* 336-352.

Kellogg, S. (2015). *Transformational Chairwork: Using Psychotherapeutic Dialogues in Clinical Practice.* Lanham, MD: Rowman & Littlefield.

Kellogg, S.H. (2007). Transformational chairwork: Five ways of using therapeutic dialogues. *NYSPA Notebook, 19*(4), 8-9.

Kuehn, J.L. (1965). Encounter at Leyden: Gustav Mahler consults Sigmund Freud. *Psychoanalytic Review, 52*, 345-364.

Lambert, M.J. (2013). The efficacy and eff ectiveness of psychotherapy. In M.J. Lambert (Ed.), *Bergin and Garfi eld's Handbook of Psychotherapy and Behavior Change* (6th ed.; pp. 169-218). New York: Wiley.

Lonergan. J. (2012, Autumn). 'I alone must do it, but I cannot do it alone'. *Inside Out,* Issue 68. [http://iahip.org/inside-out/issue-68-autumn-2012/i-alone-must-do-it-but-i-cannot-do-it-alone-a-talk-by-john-lonergan-adecade-on-10th-anniversary-celebration-of-inside-out] (accessed 7th November 2018).

McElheran, N., Stewart, J., Soenen, D., Newman, J., & MacLaurin. B. (2014). Walk-in single session therapy at the Eastside Family Centre. In M.F. Hoyt & M. Talmon (Eds.), *Capturing the Moment:Single Session Therapy and Walk-In Services* (pp. 177-195). Bethel, CT: Crown House Publishing.

Miller, W.R., & C' de Baca, J. (2001). *Quantum Change: When Epiphanies and Sudden Insights Transform Ordinary Lives.* New York: Guilford.

O'Hanlon, W.H., & Hexum, A.L. (1990). *An Uncommon Casebook: The Complete Clinical Work of Milton H. Erickson M.D.* New York: Norton.

Paul, K.E., & van Ommeren, P. (2013). A primer on single session therapy and its potential application in humanitarian situations. *Intervention, 11*(1), 8-23.

Pitman, J. (2017). *The Invisible Man: The Story of Rod Temperton, the 'Thriller' Songwriter.* Stroud, Gloucestershire: The History Press.

Prochaska, J.O., Norcross, J.C., & DiClemente, C.C. (2006). *Changing for Good: A Revolutionary Six-Stage Program for Overcoming Bad Habits and Moving Your Life Positively Forward.* New York: Harper Collins.

Ratner, H., George, E., & Iveson, C. (2012). *Solution Focused Brief Therapy: 100 Key Points and Techniques.* Hove, East Sussex: Routledge.

Reinecke, A., Waldenmaier, L., Cooper, M.J., & Harmer, C.J. (2013). Changes in automatic threat processing precede and predict clinical changes with exposure-based cognitive-behavior therapy for panic disorder. *Biological Psychiatry, 73,* 1064-1070.

Rogers, C.R. (1957). The necessary and sufficient conditions of therapeutic personality change. *Journal of Consulting Psychology, 21,* 95-103.

Rosenthal, R., & Jacobson, L. (1968). *Pygmalion in the Classroom: Teacher Expectation and Pupils' Intellectual Development.* New York: Holt, Rinehart & Winston.

Simon, G.E., Imel, Z.E., Ludman, E.J., & Steinfeld, B.J. (2012). Is dropout after a first psychotherapy visit always a bad outcome? *Psychiatric Services, 63*(7), 705-707.

Talmon, M. (1990). *Single Session Therapy: Maximising the Effect of the First (and Often Only) Therapeutic Encounter.* San Francisco: Jossey-Bass.

Talmon, M. (1993). *Single Session Solutions: A Guide to Practical, Effective and Affordable Therapy.* New York: Addison-Wesley.

Talmon, M. (2018). The eternal now: On becoming and being a singlesession therapist. In M.F. Hoyt, M. Bobele, A. Slive, J. Young, & M. Talmon (Eds.), *Single-Session Therapy by Walk-In or Appointment: Administrative, Clinical, and Supervisory Aspects of One-at-a Time Services* (pp. 149-154). New York: Routledge.

Young, J. (2018). SST: The misunderstood gift that keeps on giving. In M.F. Hoyt, M. Bobele, A. Slive, J. Young, & M. Talmon (Eds.), *Single-Session Therapy by Walk-In or Appointment: Administrative, Clinical, and Supervisory Aspects of One-at-a-Time Services* (pp. 40-58). New York: Routledge.

찾아보기

인명

내용

저자 소개

Windy Dryden

Windy Dryden 박사는 임상 및 심리치료를 하고 있으며, 인지행동치료의 세계적 권위자다. 그는 골드스미스 런던 대학교(Goldsmiths, University of London)의 심리치료학 명예교수로서, 40년 이상 심리치료 분야에서 일을 하고 있으며, 225권 이상의 책을 저술했다.

역자 소개

이명우(Lee, Myung Woo)

이명우 박사는 평택대학교 상담대학원 교수와 한국사례개념화연구회 회장으로서, 상담 관련 학회에서 활발히 활동하고 있다. 특히 사례개념화 중심의 상담실무와 상담슈퍼비전, 상담연구를 병행하면서 체득한 사례개념화에 대한 전문적 지식과 지혜를 상담현장에서 어려운 사례로 힘들어하는 상담자들과 공유하는 데 많은 노력을 기울이고 있다.

알기 쉬운 단회 심리상담
-단회상담의 이해와 실제-
Single-Session Therapy: Distinctive Features

2023년 8월 20일 1판 1쇄 인쇄
2023년 8월 25일 1판 1쇄 발행

지은이 • Windy Dryden
옮긴이 • 이명우
펴낸이 • 김진환
펴낸곳 • ㈜**학지사**

04031 서울특별시 마포구 양화로 15길 20 마인드월드빌딩
대표전화 • 02-330-5114   팩스 • 02-324-2345
등록번호 • 제313-2006-000265호

홈페이지 • http://www.hakjisa.co.kr
인스타그램 • https://www.instagram.com/hakjisabook

ISBN 978-89-997-2790-0 93180

정가 17,000원

역자와의 협약으로 인지는 생략합니다.
파본은 구입처에서 교환해 드립니다.

이 책을 무단으로 전재하거나 복제할 경우 저작권법에 따라 처벌을 받게 됩니다.

출판미디어기업 **학지사**

간호보건의학출판 **학지사메디컬** www.hakjisamd.co.kr
심리검사연구소 **인싸이트** www.inpsyt.co.kr
학술논문서비스 **뉴논문** www.newnonmun.com
교육연수원 **카운피아** www.counpia.com